비규정성의 고통

LEIDEN AN UNBESTIMMTHEIT : Eine Reaktualisierung der Hegelschen Rechtsphilosophie
by Axel Honneth
Copyright © Philipp Reclam jun. GmbH&Co., Stuttgart 2001
Korean Translation Copyright © 2017 by Greenbee Publishing Co. All rights reserved.
This Korean language edition published by arrangement with Philipp Reclam jun. GmbH&Co.
through MOMO Agency, Seoul.

프리즘 총서 025
비규정성의 고통: 헤겔의 『법철학』을 되살려내기

발행일 초판1쇄 2017년 9월 10일 | **지은이** 악셀 호네트 | **옮긴이** 이행남
펴낸이 유재건 | **펴낸곳** (주)그린비출판사 | **신고번호** 제2017-000094호
주소 서울시 마포구 와우산로 180, 4층 | **전화** 02-702-2717 | **이메일** editor@greenbee.co.kr

ISBN 978-89-7682-274-1 93160
이 도서의 국립중앙도서관 출판시도서목록(CIP)은 서지정보유통지원시스템 홈페이지(http://seoji.nl.go.kr)와
국가자료 공동목록시스템(http://www.nl.go.kr/kolisnet)에서 이용하실 수 있습니다.(CIP제어번호: CIP2017022285)

비규정성의 고통

헤겔의 『법철학』을 되살려내기

악셀 호네트 지음 | 이행남 옮김

프리즘총서 025

ᵍB
그린비

차 례

| 일러두기 |

1. 이 책은 악셀 호네트 Axel Honneth의 *Leiden an Unbestimmtheit: Eine Reaktual-isierung der Hegelschen Rechtsphilosophie*(Reclam, 2001)를 완역한 것이다.

2. 이 책의 핵심 용어 가운데 하나인 Recht는 익히 알려져 있듯 법과 권리를 동시에 가리키며 '적법성'과 '정당성'이라는 두 의미를 내포한다. 즉 Recht는 '적법하게'(legal) 제도화되어 강제력을 발휘하면서 통용되는 법적 체계를 의미하기도 하고, 우리가 (이러한 법적 보장의 대상으로서) '정당하게'(legitim) 요구할 수 있는 권리를 의미하기도 한다. 따라서 Recht라는 말은 이 책에서 대개의 경우 저 두 의미가 동시에 드러나도록 "권리/법", "법적 권리", "[법적] 권리" 등의 중의적인 꼴로 옮겨졌으며, 그 중 한 차원만이 강조된 경우에 한해서만 "권리" 또는 "법"으로 번역되었다. Recht의 형용사형인 rechtlich의 경우도 사정은 마찬가지다. 중의성을 담아 "법적인 권리에 따른" 혹은 "법적/권리의"로 옮긴 경우도 있으며, 보통 그렇듯이 법적 제도화를 의미할 때는 "법적인"이라고 옮겼다. 하지만 헤겔의 저작명을 줄인 *Rechtsphilosophie*의 경우에는, 이 제목 안에 들어 있는 Recht 개념이 중의적 성격을 띠고 있으나, 지나친 복잡성을 피하기 위해서 현재 우리에게 정착된 번역어 그대로 『법철학』이라고 옮겼다. 번역어가 이미 정착된 "자연법"(Naturrecht), "이성법"(Vernunftrecht)의 경우에도 마찬가지다. 그러나 헤겔의 『법철학』 1부의 제목이자 그 핵심어인 "das abstrakte Recht"는 복잡성 증대의 위험에도 불구하고 「추상법」이라는 정착된 번역 대신 「추상적 권리/법」의 중의적 꼴로 옮겼다. 이 책의 저자 호네트는 이 『법철학』 1부에서 논의되는 헤겔의 핵심 생각을, 법적으로 보장되는 각 주체들의 개별화(Vereinzelung)의 '권리'로 읽자고 제안하고 있기 때문이다.

3. 번호가 붙은 각주는 모두 저자의 것이며, 옮긴이의 추가 설명이 필요한 경우에는 [옮긴이주]라는 별도의 표식을 사용하여 주해했다. 본문의 대괄호([ ])는 독자들의 이해를 돕기 위해 옮긴이가 추가한 것이다.

I 부

정의론으로서의 헤겔 『법철학』

I 부
정의론으로서의 헤겔 『법철학』

오늘날 철학 진영 안에서는 헤겔의 사유를 복권시키려는 놀라운 르네 상스가 일어나고 있다. 그러나 심지어 분석적 전통과 대륙적 전통의 오 랜 단절을 극복할 길까지도 놓아 주는 듯 보이는 이 놀라운 헤겔 르네 상스에도 불구하고 헤겔의 법철학은 지금껏 오늘날의 정치철학적 논 쟁에 아무 영향력을 행사하지 못하고 있다. 근대법을 단순한 상부구조 로 치부하면서 탈脫마법화하려던 맑스주의 흐름이 갑작스런 종말을 맞 은 후, 현대 정치철학적 논쟁 안에서 넓은 전선을 구축한 것은 오히려 칸트적 전통의 이성법 패러다임으로의 복귀였고, 이것이 롤스에서부터 하버마스에 이르기까지의 논의를 지배하고 있다. 그리고 이 두 저자들

* 이 책은 1999년 여름 학기에 암스테르담 대학 철학과의 '스피노자 강연'에서 했던 두 차 례의 강의에 기초하고 있다(Axel Honneth, *Suffering from Interdeterminacy: An Attempt at a Reactualization of Hegel's Philosophy of Right*, Assen, 2000). 이와 관련해 나는 베아테 뢰슬러 Beate Rössler, 헨트 더 브리스 Hent de Vries, 안드레아 케른 Andrea Kern, 미하엘 바더 Michael Bader에게 감사한다. 그 외에도 첫 두 장을 읽고 조언과 비판 적인 논평을 해준 롤프-페터 호르스트만 Rolf-Peter Horstmann과 모르톤 R. 묄러 Morton R. Moeller 그리고 라이너 포르스트 Rainer Forst에게 진심으로 감사를 표한다.

이 자신들의 칸트주의적 정의 개념에 현실성이나 사회과학적인 지반을 부여하려고 애쓴 것은 사실이지만, 그때에도 헤겔의 『법철학』은 그다지 큰 이론적 본本의 역할을 하지 못했다. 찰스 테일러, 마이클 왈저, 알래스데어 매킨타이어와 같은 실제로는 꽤나 상이한 이론가들을 '공동체주의'라는 표제하에 대략 인위적으로 묶는 가운데 진행되었던, 정반대의 정치철학적인 흐름도 이런 상황을 바꾸지는 못했다. 형식주의적 도덕 원칙보다 윤리학을, 개인적 자의의 자유보다 공동체의 가치 결속을 특권화하려는 경향을 강하게 보였다 할지라도, 이들이 실제로 헤겔의 법철학을 정치철학적 논의에 유효한 생산적 담론으로 부흥시키고자 시도한 것은 아니었다. 마이클 왈저, 알래스데어 매킨타이어, 조셉 라즈와 같은 저자들이 오늘날 헤겔의 정치철학에 대해 가능한 한 먼 거리를 유지하고자 한다는 점은 징후적으로 중요한 의미를 갖는다.[1]

1 자신이 쓴 방대한 헤겔 전기(Charles Taylor, *Hegel*, Cambridge: Cambridge University Press, 1977[『헤겔』, 정대성 옮김, 그린비, 2014])를 축약하는 형태로 헤겔의 정치철학을 해제하기도 했던 테일러는 여기서 분명 예외라고 할 수 있다(*Hegel and Modern Soceity*, Cambridge: Cambridge University Press, 1979[『헤겔 철학과 현대의 위기』, 박찬국 옮김, 서광사, 1988]). 하지만 이 인상적인 연구도 헤겔 『법철학』 특유의 의도들을 재수용하는 작업이라기보다는, 헤겔의 정치적 사유 전반을 활성화시키는 작업으로 이해된다. 이 밖에도, 규범적 영역들의 분리, 그 자체가 근대적 정의 구상의 본질적인 원칙이어야 한다고 보는 데에서, 왈서의 정의론은 헤겔의 『법철학』과 수렴한다고 말할 수 있겠다(Michael Walzer, *Spheres of Justice: A Defense of Pluralism and Equality*, New York: Basic Books, 1983[『정의와 다원적 평등: 정의의 영역들』, 정원섭 옮김, 철학과 현실사, 1999]). 그리고 매킨타이어의 윤리학은 규범이론과 시대진단 간에 일종의 내적 결합이 이루어져야 한다고 생각했다는 점에서, 라즈는 개인의 자율성이라는 복잡하고도 윤리적인 개념이 자유주의 정의론의 출발점이어야 한다고 생각했다는 점에서 헤겔의 『법철학』과 맥을 같이한다.(Alasdair MacIntyre, *After Virtue: A Study in Moral Theory*, Notre Dame: University of Notre Dame Press, 1981[『덕의 상실』, 이진우 역, 문예출판사, 1977]. Joseph Raz, *The*

헤겔의 법철학이 왜 이런 일반적인 고립 상태에 처하게 되었는지를 첫눈에 바로 이해하기는 어렵다. 헤겔의 이 글은 오늘날 우리의 논의 상황에 특히나 적합해 보일 수도 있을 이론적 특징들을 지니고 있기 때문이다. 형식적인 정의 원칙들을 사회적으로 맥락화해야 한다는 의식이 도처에 확산된 오늘날의 상황에서, 근대법의 추상적인 원칙들과 도덕에 제도적 틀을 부여하려던 헤겔의 시도는 대단히 매력적으로 보이지 않을 수 없다. 게다가 형식법이 우리의 도덕적인 일상적 실천 안에서 어떤 자리를 차지해야 할지에 대한 불확실성이 커지고 있는 현 상황에서, 법에 대한 일종의 윤리적 메타이론을 전개해 보려던 헤겔의 노력도 매혹적이다. 마지막으로 헤겔이 자신의 법 이론의 원칙들을, 위협적인 개인화에 대한 비판적인 시대 진단과 맞물리도록 전개한다는 점 또한 오늘날의 정치철학적 문제 설정에 자극을 줄 법하다. 하지만 이모든 명백한 장점들에도 불구하고 헤겔의 법철학은 오늘날의 정치철학 안에서 마땅히 차지했어야 할 자리를 되찾지 못한 것 같다. 롤스나 하버마스와 논쟁하기 위해서 헤겔의 『법철학』에 기댈 필요가 절실할 때조차도 체계적인 되살리기의 모든 시도는 유예된다.[2] 그래서 우리는,

Morality of Freedom, Oxford: Oxford University Press, 1986). 그럼에도 불구하고 헤겔의 법철학을 실제로 되살려 낸 유일한 예외로 꼽을 수 있는 것은 현재로서는 하디먼의 연구뿐이다(Michael O. Hardimon, *Hegel's Social Philosophy: The Project of Reconciliation*, Cambridge: Cambridge University Press, 1994).

2 이 규칙의 예외에 해당하는 것으로는 다음의 연구들을 보라. Joyce Beck Hoy, "Hegel's Critique of Rawls", *Clio* 10, H. 4, 1981, pp. 407~422; Andrew Buchwalter, "Hegel's Concept of Virtue", *Political Theory* 20, 1992, pp. 548~583; Buchwalter, "Structure or Sentiment? Habermas, Hegel and the Conditions of Solidarity", *Philosophy*

새롭게 일깨워진 헤겔에 대한 관심 덕택에 한편으로는 그의 법철학에 관한 학술적 연구 문헌들이 늘고 있는 데 반해, 다른 한편으로는 헤겔 법철학의 체계적인 내용이 우리 시대의 정치철학적 자기 이해에 아무 의미도 주지 못하는 것처럼 보이는 역설적 상황에 직면해 있다. 일찍이 한 세대 전체의 타고난 지성들을 편가르게 만들었으며, 20세기 중반까지도 그 책을 어떻게 수용하는지를 기준 삼아 헤겔 좌파와 헤겔 우파를 나누어 볼 수도 있었던 『법철학강요』*Grundlinien der Philosophie des Rechts*(『법철학』*Rechtsphilosophie*이라고 줄여 부르기도 한다)는 이제 분명히 예의 그 위력을 상실했다. 최근 새롭게 시의성을 얻고 있는 칸트의 법 이론이나 존 스튜어트 밀의 자유론과 반대로 헤겔의 『법철학』은, 많이 읽히지만 벙어리가 되어 버린 고전 텍스트라는 불운한 역할을 맡고 있을 뿐이다.

　헤겔의 법철학이 이처럼 현저히 시의성을 상실한 이유를 찾아 나가다 보면, 이 저작에 반대하는 두 가지의 의구심을 만나게 된다. 그간의 정치철학 논의에서 자명한 사실처럼 굳어진 이 두 상투적 의구심을 종합해 보면, 왜 오늘날 그 명백한 매력조차 더 이상 인지되지 못할 정도로 헤겔의 정치철학에 대한 회의가 깊어졌는지를 어느 정도 설명할 수 있다. 『법철학』에 대한 첫 번째 편견은, 이 책이 개인적 자유의 권리를 국가의 윤리적 권위 아래에 놓기 때문에, 의도했건 의도치 않았건

Today 41(Suppl.), 1997, pp. 49~53; Sibyl Schwarzenbach, "Züge der Hegelschen Rechtsphilosophie in der Theorie Rawls", *Hegel-Studien* 27, 1992, pp. 77~110.

반反민주주의적 결과를 가져온다는 것이다. 그런 비난은 이 책의 여러 요소들이나 생각의 흐름들을 근거로 정당화되곤 하지만, 어떤 경우든 간에 비판의 중심에 오는 것은 헤겔이 칸트적이지 않은 의미의 개인적 자율성을 민족주권의 원칙으로 보려는 경향을 갖고 있다는 것이다. 『법철학』의 이런 비민주적 특성이 전경으로 부각됨에 따라, 이 저작이 다시 한번 생산적으로, 즉 민주적 법치국가의 메타이론으로 이해될 수는 없다는 사실만이 자명해진다.[3] 오늘날 헤겔의 『법철학』을 되살려 내는 시도를 가로막는 두 번째 의구심은 방법론적 성격을 갖는 것으로서, 이 텍스트의 논증 구조에 관한 것이다. 헤겔이 이 텍스트에서 제시한 단계별 논증들은 그의 『논리학』Logik의 해당 부분에 결합시켜서 보아야만 적절하게 이해할 수 있고 평가 가능한데, 『논리학』은 그 존재론적인 정신 개념 때문에 그 사이 우리에게 전혀 이해 불가능한 것이 되어 버렸다는 것이다. 그러니 『법철학』이라는 텍스트를 하나의 통합적인 이론으로 재구성하려는 헛된 시도를 하느니 차라리 반짝거리는 단편적 아이디어들을 캐내는 채석장처럼 여기는 편이 유익해 보인다는 것이다.[4]

　　최근 몇십 년간 『법철학』의 의미 상실을 키워온 것은 이 두 의구심,

---

3 이 문제에 대한 균형 잡힌 서술들 가운데 하나로 여전히 다음을 꼽아야 한다. Shlomo Avineri, *Hegel's Theory of the Modern State*, Cambridge: Cambridge University Press, 1972 [『헤겔의 정치 사상』, 김장권 옮김, 한벗, 1990].

4 『법철학』의 전체 논증이 정신이라는 전제된 개념에 의존해 있다는 사실을 설득력 있게 그리고 개괄적으로 강조하는 연구로는 Rolf-Peter Horstmann, "Hegel, Georg Wilhelm Friedrich", *Routledge Encyclopedia of Philosophy* Vol. 2, ed. Edward Craig, London: Routledge, 1998, pp. 259~280, 특히 p. 273 이하.

즉 정치적 이의 제기와 방법론적 이의 제기였다. 헤겔이 인식론적인 이유에서 또 규범적인 이유에서 자신의 '인륜성'Sittlichkeit 구상을 방어하기 위해서 제시했던 것들이 그의 방법론과 국가 개념이라는 의심스러운 요소들 뒤로 가려져 눈에 띄지 않게 된 것이다. 지금까지의 내 간략한 묘사가 이 저작의 수용사적 상황을 옳게 보여 준 것이라면, 오늘날 이 저작을 새롭게 활성화시키려는 모든 시도는 애초부터 다음의 두 가지 선택지 중 하나를 택할 수밖에 없을 것이다. 『법철학』이라는 텍스트를 새롭게 해석함으로써 저 두 이의 제기는 한갓된 오해에 불과하다는 것을 보여주면서 직접적으로 비판하든지, 아니면 저 두 이의 제기는 『법철학』의 생산력인 재전유에 중요하지 않은 문제임을 증명하면서 간접적으로 필요한 만큼 비판하든지. 내가 여기서 직접적이라고 부른 첫 번째의 전략은 『법철학』을 그것 본래의 고유한 방법론적 기준들에 부합하도록 활성화시키는 동시에 헤겔의 국가 개념까지도 복권시키려는 목적을 추구한다. 그에 반해 두 번째 전략 즉, 간접적 형태의 재활성화 전략은 비할 바 없이 겸손한 목적을 추구한다. 『논리학』에 대한 참조나 실체주의적인 국가 개념 없이 설명해도 『법철학』의 의도와 근본 구조가 충분히 생산적으로 이해될 수 있음을 보여 주려는 목적 말이다. 쉽게 짐작할 수 있듯이, 이 두 전략은 상반되는 두 가지 위험과 각각 결부돼 있다. 첫 번째 해석 제안은 헤겔의 『법철학』의 실체를 구출해 내기 위해 우리의 탈형이상학적인 합리성 기준들을 깎아 내려야 한다는 위험을 내포한다. 그리고 두 번째 간접적인 재활성화 전략에는 텍스트의 잡동사니들을 과감하게 걷어내려다 그 저작의 고유한 실체를 희생시켜 버릴지도 모른다는 위험이 따른다.

　이런 간략한 설명만으로도 내가 이 두 전략 가운데 어느 것을 오늘날의 이론적·규범적 조건하에서 보다 전도유망한 것으로 여기는지는 분명해졌을 것이다. 나는 헤겔의 국가 개념이라든지 존재론적 정신 개념이 오늘날 어떤 식으로든 유의미하게 복권될 수 있다고 생각하지 않는다. 때문에 나는 그의 『법철학』을 간접적인 방식으로 재활성화시키는 것에 만족하고자 한다. 그러므로 나는 이 글에서, 방법론적으로 『논리학』을 참조하지도 않고 국가론적 구상을 사용하지도 않는다면 『법철학』의 근본 의도와 구조는 전체적으로 어떻게 이해되어야 할 것인가를 단계적으로 제안하려고 한다. 이 '간접적인' 논의 방식의 목적은, 헤겔의 『법철학』이 근대 사회들의 도덕적 정체성을 구성하는 상호 인정 영역들에 대한 규범적 이론으로 파악되어야 함을 입증함으로써, 이 저작의 시의성을 보여주는 데 있다.

　물론 나는 이런 해석 제안에 수반되는 위험을 충분히 의식하고 있다. 『법철학』을 시의적절하게 만들려는 노력에도 불구하고 그 저작 특유의 고유한 실체를 놓쳐 버릴지도 모른다는 위험 말이다. 아무리 규범적으로 내용이 풍부한들 결국에는 헤겔의 텍스트에 성가시게 골몰하지 않았더라면 훨씬 더 수월하게 만들어 낼 수 있었을 종류의 규범적인 사회이론을 헤겔의 『법철학』이라는 제목 하에 선보이는 것보다 더 끔찍한 일은 없을 것이다. 이런 고약한 위험을 피하기 위해, 나는 먼저 이 저작을 공정하고도 적합하게 재구성하려면 반드시 고찰해야 할 두 가지 이론적 요소를 제시하려고 한다. 이 두 요소에 대한 고찰이 막대한 설명상의 난점을 동반한다고 할지라도 말이다. 그 중 첫 번째 요소는 헤겔이 자신의 '객관정신'objektiven Geistes 구상과 한데 묶은 풍부한 직관들에 관한 것이며, 또 다른 한 요소는 헤겔로 하여금 '인륜성' 개념을 도입하도록 만든 다양한 이유들에 관한 것이다. 내 생각에 저 첫 번째의 개념은——이 개념이 헤겔 체계 전체와 한데 엉겨 있다는 사실을 제쳐 둔다면——다음의 테제를 포함하는 것 같다. 모든 사회 현실은 이미 자기 안에 합리적인 구조를 갖고 있으며, 이 구조를 위반하는 잘못되거나 불충분한 구상들은 실천적으로 적용되자마자 사회적 삶 그 자체 안에서 부정적인 효과를 야기할 수밖에 없다. 간단히 말해, 헤겔은 '객관정신'으로서의 사회라는 표상으로, 어떤 특정 시점에 우리의 사회적 실천들과 이미 항상 결합돼 있는 합리적 근거들을 위반하면 사회 현실 안에서 훼손과 손상이 야기된다고 주장한다. 그에 반해 저 두 번째 핵심개념, 즉 인륜성 개념 안에는 다음의 테제가 담겨 있는 것 같다. 최소한 근대 사회의 현실 안에는 경향성Neigung과 도덕규범, 즉 관심사와 가치가 이미 한데 합해져 제도적 상호작용의 형식들로 정착돼 있는 행위 영역들이 존재한다. 그런 한에서 헤겔은——주체들에게 규범적 방향성을 주는 추상적 도덕개념 형태의 방책들이 모색되어야 한다고 말하는 대신에——저런 도덕적 행위영역들 자체가 ("인륜성"이라는 개념 안에서) 그에 합당한 규범적 찬사를 받게 된다는 것만을 일관되게 주장할 수 있다. 대략적으로 암시된 이 두 테제가 헤겔의 『법철학』을 간접적으로 재활성화하는 내 논의의 핵심을 이룰 것이다. 즉 나는 '객관정신'과 '인륜성'이라는 개념을 합리적으로 재구성하기를 포기한다면 『법철학』

이라는 텍스트를 설득력 있게 만들기 위해서 이 텍스트의 본질적인 내용을 희생시키는 것과 같다고 주장할 것이다.

나는 헤겔의 『법철학』을 되살려 내기 위해서 단계별로 다음과 같이 논의해 나간다. 먼저 나는 오늘날의 정치철학적 논쟁들이 기대고 있는 이론적 전제하에서도 『법철학』이 완전히 유의미해 보일 수 있도록 이 저작의 근본 의도를 드러낼 것이다. 이 단계에서의 핵심 문제는 무엇보다도, '권리/법'Recht이라고 칭해져야 할 것의 전체 범위를 규정하는 것은 '일반적인 자유의지'allgemeinen freien Willens의 '이념'Idee이라는 헤겔의 난해한 정식화를 시의적절하게 설명하는 것이다. 나는 이 정식화를, 개인적 자기실현을 위한 상호주관적인 조건들의 일반적인 보장을 목표로 하는 정의론의 핵심 명제라고 해석할 것이다(Ⅰ부). 그런 다음 두 번째 논의 단계에서는, 헤겔이 자신의 정의론 구상을 사회적 병리 현상에 대한 진단과 내재적으로 결합시킨다는 것을 보여 줄 것이다. 나는 '추상적 권리/법'abstrakten Rechts과 '도덕성'Moralität을 생활 세계 안에서 '비규정성의 고통'Leiden an Unbestimmtheit으로 표현되는 두 가지 불충분한 개인적 자유 규정들로 보자는 제안을 『법철학』의 고유한 핵심으로 이해한다. 그러므로 이 맥락에서 나는 헤겔이 자신의 정의론 구상에 고통으로부터의 해방이라는 치료적 의미를 얼마나 부여하는지 밝힐 것이다(Ⅱ부). 마지막 단계에서 나는, 헤겔의 확신에 따를 때 개인적 자유 실현을 위해서는 근대 세계의 사회 영역들이 충족해야 할 복잡한 조건들이 무엇인지 제시함으로써, 헤겔의 '인륜성' 개념을 설명할 것이다. 그런 다음 헤겔적 단초의 한계가 무엇인지도 분명하게 개진할 것이다. 내가 보기에 헤겔의 한계는, 개인적 자유의 조건들에 대해 지나치게 제도주의적인 표상을 갖고 있었다는 데 있다(Ⅲ부).

1. 개인적 자유의 이념: 자율성의 상호주관적 조건들

베를린 대학의 부름을 받고 난 후 마침내 1820년에 『법철학강요』라는 제목으로 책을 낼 때까지 헤겔은 하이델베르크에서 했던 자신의 법철학 강의를 이어나간다. 그 사이에 헤겔의 철학적인 체계는 완비되었다. 그러나 헤겔은 자신의 청년기 실천철학에 본질적이었던 직관들을 포기하지 않고 그대로 간직했다.[5] 근대적 조건하에서 정의로운 사회질서의 규범적 원칙들을 다루던 자신의 철학적 영역을 헤겔은 이제 "객관정신"이라는 이름으로 부르게 되었다. 하지만 이 영역에서 헤겔은 예전처럼, 칸트와 피히테가 선보인 이성법 연역과는 다른 [법] 정초의 작업 Begründungsweg을 계속해 나간다. 즉 첫째, 헤겔은 청년기 시절에 그랬듯이 베를린 시기에도 다음의 확신을 고수했다. 주체들은 이미 상호주관적 관계를 통해 서로 결합돼 있으므로, 일반적 정의 원칙들을 정당화하려면 원자론적 표상──방해받지 않고, 즉 타인에게 영향받지 않고 개인의 자의가 실현될 수 있을 때 비로소 개별자의 자유가 성립된다고

---

5 헤겔 『법철학』의 발생과 맥락에 관해서는 다음의 탁월한 논문을 보라. Ludwig Siep, "Vernunftrecht und Rechtsgeschichte: Kontext und Konzept der 'Grundlinie im Blick auf die Vorrede'", *Grundlinien der Philosophie des Rechts*(Klassiker Auslegen, Bd. 9), Hrsg. Ludwig Siep, Berlin: Akademie Verlag, 1997, pp. 5~30.

보는 표상 ──에서 출발해서는 안 된다. 둘째, 이로부터 우리는 헤겔이 어떤 목적을 변함없이 추구하는지 알게 된다. 주체들은 [일련의 특정한] 사회적 조건들하에서, 타인의 자유를 자신의 개인적인 자기실현의 [필수불가결한] 전제로 간주할 수 있다. 헤겔은 이 사회적 조건들을 정당화하는 일반적 정의 원칙론을 쓰려고 한다. 셋째, 그러한 소통적 자유의 규범적 원칙들은 외적인 태도 규율이나 단순한 강제 법칙 같은 형태로 근대 사회에 안착되어서는 안 되고 습관화된 행위 유형 및 관습 안에서 실천적으로 실행될 수 있어야 한다. 그래야만 모든 타율성의 잔재를 떨궈 낼 수 있다. 헤겔이 청년기 시절부터 갖고 있던 이 아리스토텔레스주의적 표상도 고수된다. 넷째, '인륜성'이라고 불리는 그런 유형의 소통적 자유의 문화 안에는, 주체들이 자본주의적 시장 조건에 부합되게 자신의 이기적인 관심사들을 추구할 수 있는 사회적 행위 영역들을 위한 공간 ──결코 사소하다고 말할 수 없는 공간──이 마련돼 있어야 하리라는 헤겔의 확신은 그 사이 더 강해졌다.[6] 이렇게 베를린에서 『법철학』의 출판 계획에 몰두하고 있을 당시 헤겔은 예나 초기의 창조적 국면에서 유래한 이 네 가지 전제 중 어떤 것도 버리지 않았다. 물론 다른 한편으로는 자신의 철학 체계가 그 사이 상당히 자립적인 형태로 발전한 것이 사실이었다. 때문에 헤겔은 이제, 자신의 저 오랜 직관들을 어떻게 손상 없이 지금의 새로운 철학 체계의 틀 안에서 관철할 수 있

---

6 헤겔의 청년기 실천철학의 이 네 가지 전제들에 대해서는 Axel Honneth, *Kampf um Anerkennung*, Frankfurt am Main: Suhrkamp Verlag, 1994, Kap I, 2를 보라[『인정투쟁』, 문성훈·이현재 옮김, 사월의책, 2011].

는가 하는 문제와 씨름해야만 했다. 이 과제를 해결하기 위해 헤겔이 찾아낸 방법이 그의 실천철학의 핵심 의도를 이해할 수 있게 해 준다. 뿐만 아니라 그의 『법철학』의 기저에 놓인 권리/법 개념의 범위는 물론, 첫눈에는 혼란스러워 보이는 목차의 짜임구조까지도 설명해 준다.

　예나를 떠난 이후 자신의 체계를 완비해 나가던 헤겔은 다음의 생각에 이르게 된다. 도덕과 권리에 대한 입론Disziplin은 그의 철학 체계 가운데 특히 '객관정신'을 다루는 부분에 배치되어야 한다. 헤겔에 따르자면, 자기의 철학 체계 중 '객관정신'에 바쳐지는 이 부분에서는, 이성의 자기반성 과정이 재구성되어야 한다. 즉 이성이 사회제도나 사회적 실천과 같은 외적 현상 안에서 인간의 정신이라는 형태로 실현되는 단계, 그때 나타나는 이성의 자기반성 과정을 재구성하기.[7] [그것이 바로 헤겔의 객관정신의 철학에서 핵심적인 과제이다.] 그런데 헤겔은 '객관정신' 영역에 하나의 규정을 더 부여한다. 이 추가적인 규정까지 함께 고찰해 보면, 앞서 정식화된 객관정신의 철학의 과제와 우리가 흔히 윤리학 혹은 도덕철학의 과제로 여기는 것의 차이는 놀랄 만큼 줄어든다. 물론 객관정신에 관한 이 두 번째의 추가적 성격 규정과 함께, 전적으로 이성의 자기반성을 서술해야 할 체계 안으로 역사적 요소가 이입되면서 빚어지는 난점은 논외로 해야 한다. 왜냐하면 헤겔은 다음과 같이 말하기 때문이다. 이성은 사회제도들의 객관세계 안에서 정신의 모

---

[7] 헤겔의 철학 체계 안에서의 『법철학』의 자리를 보다 정확하게 규정하는 연구로는 각주 4에서 언급한 Horstmann의 글 274쪽 이하.

습으로 실현된다. 그런데 근대적 조건하에서는 이 정신의 모습이 '일반적인 자유의지'의 형태를 띤다. 이로부터 헤겔에게는 자신의 '객관정신'의 철학에 가장 일반적인 다음의 규정이 산출된다. 객관정신의 철학이란 오늘날 모든 인간의 자유의지가 실현되려면 거쳐야 할 필연적인 단계들을 체계적으로 재구성하는 철학이어야 한다.[8] 이로부터 우리는, 헤겔 체계의 이 부분에 배치될 것은 흔히 '법철학' 혹은 '윤리학'이라고 불리는 바로 그 철학적 분과라는 사실을 쉽게 간파할 수 있다. 헤겔의 철학적 체계 전체와의 맞물림에서 떼어 내 이런 식으로 파악하면, 이 이론은 헤겔 당대의 도덕철학 및 법철학뿐 아니라 심지어 현대의 정의 구상들에 비견될 수 있다.

앞서 밝혔듯, 헤겔은 '일반적인 자유의지'라는 이념을 자기 『법철학』의 근본 원칙으로 삼는다. 이 지점에서 헤겔은 루소·칸트·피히테와 동일한 전제에서 출발한다. 근대적 계몽의 조건하에서 모든 도덕적·법적 규정은 개인적 자율성 혹은 인간의 자기규정의 표현인 한에서만 정당한 것으로 여겨질 수 있다는 전제에서 말이다. 하지만 헤겔이 『법철학』에서 —— 자기의 철학체계에 대한 [당초의] 생각들을 구현하면

---

8 헤겔 『법철학』의 일반적인 의도에 관한 설명으로는 Kenneth Westphal, "The Basic Context and Structure of Hegel's Philosophy of Right", *The Cambridge Companion to Hegel*, ed. Frederick C. Beiser, Cambridge: Cambridge University Press, 1994, pp. 234~269; Siep, "Vernunftrecht und Rechtsgeschichte", *Grundlinien der Philosophie des Rechts*, Berlin: Akademie Verlag, 1997, pp. 5~30; Karl-Heinz Ilting, "Die Struktur der Hegelschen Rechtsphilosophie", *Materialien zur Hegelschen Rechtsphilosophie* Bd. 2, Hrsg. Manfred Riedel, Frankfurt am Main: Suhrkamp Verlag, 1974, pp. 52~78.

서——"자유의지"를 바라보는 관점을 기술하기 시작하면, 그의 사유를 [루소, 칸트, 피히테의 것과 나란히 놓고] 비교하기는 어려워진다. 『법철학』 「서론」 29절의 유명한 정식화에 따르자면, 『법철학』의 과제는 "자유의지의 현존"을 서술하는 데 있다. 그도 그럴 것이, "권리/법"의 영역 전체가 "자유의지의 현존"을 통해 규정되어 있기 때문이다. 그런데 [객관정신, 주체들의 상호적 관계, 자유의지 등] 앞에서 거론된 다른 단초들과 달리, [법/권리의 영역은 자유의지의 현존을 통해 규정된다는] 이 정식화에서는 일단 거의 모든 것이 다 불분명하다. 앞서 살펴본 '객관정신'의 규정을 떠올려보자면, 『법철학』은 자유의지의 실현에 필요한 사회적 조건들을 다룬다. 이 힌트가 [현재의 정식화 안에 들어 있는] "현존" Dasein 개념을 이해하는 데 도움을 줄 수는 있을 것이다. 그러나 이것만으로는, [헤겔의 법철학이] 어떤 규범적 정당화를 얼마나 수행하는지가 파악되지 않는다. 그러므로 헤겔이 "자유의지"라는 개념을 어떻게 사용하는지를 보다 정확히 알아야 한다. 그럴 때에만 우리는 『법철학』의 과제가 "자유의지의 현존"을 서술하는 데 있다는 헤겔의 말을 분명하게 이해할 수 있다. 그도 그럴 것이 헤겔은 청년기 시절부터 간직해 왔던 [네 가지] 직관들 가운데 첫 번째 것을 "자유의지"라는 『법철학』의 핵심범주 안으로 집어넣기 때문이다. 그것도 그 자신을 처음부터 칸트나 피히테와 멀어지게 하는 방식으로 말이다.

『법철학』 서론의 대부분은 '자유의지' 개념을 범주적으로 설명하는 데 바쳐진다. 여기서 헤겔은 개인적 자율성 혹은 자기규정이라는 근대적 이념과 겨룬다.[9] 헤겔에 따르자면, 그동안 이 규범적 이념에 대한 철학적 논의에서는 두 가지 똑같이 불완전한 표상만이 지배적이었다. 한쪽 진영은 개인적 자기규정을 내 독립성을 제약할 수 있다고 경험된 모든 "욕구·욕망·충동"에 대해서 거리를 둘 수 있는 인간의 의지적 결단의 능력으로 정의하곤 했다. 이렇게 정의하면, 가령 자살할 수 있는 인간의 능력에서 드러나는 바와 같은, [인간만이 갖고 있는] 그 개인적 자유의 기본요소는 포착될 것이다. 그러나 개인적 자기규정을 이런 식으로 정의하면 결과적으로 완전한 무위無爲, Handlungslosigkeit가 초래되고 만다는 것이 헤겔의 확신이다. 행위한다는 것은 [행위의 가능 범위나 양태 등을] 제약하는 목적을 정립하는 것에 달려 있기 때문이다(5절). 자유의지를 부정적으로만 보는 저 첫 번째 파악 방식에 완전히 대립되는 의견을 내놓는 반대편 진영이 있다. 이 반대편 진영에서는 자기규정을 '주어져 있는 내용들' 중 어느 것을 선택하거나 결정할 수 있는 반성적 능력으로 정의한다. 『법철학』 6절의 논의에 따르면, 칸트와 피히테의 도덕철학적 접근법도 이 진영에 포함되어야 한다. 칸트와 피히테는, 본디 통제될 수 없는die an sich unverfürbare 행위 충동 및 경향성들에 대한 도덕적 숙고를 본本으로 삼아 의지의 자유를 생각할 수 있을 뿐 그 외의 다른 방식을 알지 못한다. [이 진영을 일컬어 우리는] '자유의지'에 대한 '선택적' 모델이라고 부를 수 있다. 이 모델에 대한 헤겔의 이의 제기는 개인적 자율성에 대한 헤겔 자신의 고유한 입장과 연동되

9 자율성이라는 근대적 이념의 형성을 탁월하게 조망하는 연구로는 다음을 보라. J. B. Schneewind, *The Invention of Autonomy*, Cambridge: Cambridge University Press, 1998. 단, 이 연구의 이론사적 재구성은 칸트에서 끝난다.

어 있다. 그리고 이 문제는 다시 『법철학』 전체 구성의 분명한 회전축이자 구심점이다. '자유의지의 현존'을 '서술'Darstellung하는 방식으로 옳은 혹은 '좋은' 사회질서를 정초한다는 말이 어떤 의미인지는 우선 '자유의지'라는 저 개념이 세부적으로 어떻게 파악되어야 할지에 달려 있다.[10]

선택적 모델의 자기규정론에 반대하는 헤겔의 이의 제기는 근본적으로 다음과 같은 정식으로 요약될 수 있다. 이 모델에서는 반성[적 숙고를 통해 선택]된 의지 결정의 질료Material가 계속해서 우발적인 것으로, 그러므로 '타율적인' 것으로 전제되어야 한다. 헤겔의 용어로 표현하면, "이 자기규정의 내용"은 그러므로 "유한한 것"에 불과하다(14절). [앞서 살펴본] 부정적 자유의지 모델은, 개인적 자기규정을 모든 특수한 경향성과 행위목적을 배제하는 작용으로 정의할 수 있을 뿐이다. 때문에 그 모델은 제한적이었다. 반면에 지금 이 두 번째 선택적 모델은 자기규정의 작용을 반드시, 통제 불가능한 경향성 및 행위충동들 가운데 어떤 것을 선택하는 반성 작용으로 새겨야만 한다. 때문에 이 모델은 불충분하다. 그리고 헤겔이 반복해서 말하듯이, 그런 불충분한 자유 규정의 귀결이 칸트 식의 이원론이다. 의무와 경향성, 이상적 도덕법칙과 단순한 외적 충동의 이원론. 그러므로 우리의 『법철학』의 저자가

---

10 로버트 피핀은 (내가 이 책에서 개진하는 입장과 상당히 다른) 탁월한 해석을 제안한 바 있다. Robert Pippin, "Hegel, Freedom, the Will. The Philosophy of Right (§§ 1~33)", *Grundlinien der Philosophie des Rechts*, Hrsg. Ludwig Siep, Berlin: Akademie Verlag, 1997, pp. 31~54.

이 모델에 반대하면서 보다 복잡한 '자유로운 의지'의 모델로 나아가고 싶어 하는 것은 놀랍지 않다. 개인적 자기규정의 질료——그것 자체가 벌써 자유의 발로로 생각될 수 있으므로——에서마저도 타율성의 모든 흔적을 다 걷어내는 복잡한 모델로 말이다. 이런 요구 수준 높은 [자유의지] 개념은 의지가 의지로서의 자신에게 영향을 미칠 수 있는 자기 내적 반성 관계로 사유될 때 성립 가능할 것이다.

"일차적 층위의 의욕"과 "이차적 층위의 의욕"을 구분해 보자는 해리 프랭크퍼트Harry Frankfurt의 유명한 제안은 겉보기와 달리 이 난해한 문제를 푸는 데 큰 도움을 주지는 못한다.[11] 이 구분법은 물론, "자기 자신을 대상으로" 삼는 의지나 "자기 자신을 의욕하는"(10절) 의지와 같은 말들로 헤겔이 무엇을 의미하는지 명료하게 만들어 줄 수는 있을 것이다. 프랭크퍼트의 구분법대로, 헤겔은 다음과 같이 생각하고 있을 것이다. 우리의 행위 충동이나 경향성은 그 자체로 일차적 층위의 의지 표현("의욕"volition)으로 이해될 수 있다. 그리고 우리는 이차적 층위에서 이 일차적 층위의 의욕을 스스로 가치 평가하면서 다시 한 번 그것과 관계할 수 있다. 이런 프랭크퍼트 식의 표상 모델에 기반하면, 인간의 의지함이라는 활동을 두 층위 혹은 다층위의 태도, 즉 바로 아래 층위의 의욕을 자기 스스로 다시 한 차례 의욕하거나 혹은 의욕하지 않는 태도로 파악하는 것은 전적으로 합당하다. 하지만 [헤겔에 따를 때] '자

---

11 Harry Frankfurt, "Freedom of the Will and the Concept of a Person", *The Importance of What We Care about*, Cambridge: Cambridge University Press, 1988, pp. 11~25.

유로운' 의지는 자기 자신을 '자유로운 것으로서' 의지해야만 한다. 즉 '자유로운' 의지는 자신의 행위 충동과 경향성 들로 구성된 질료 그 자체를 자유의 자료로 삼을 수 있어야 한다. 이것이 헤겔의 보다 포괄적인 정식이다. 이 사실에 주목하자마자, 해리 프랑크퍼트의 테제에 접속하여 헤겔을 이해하려는 모든 논의는 더 이상 도움이 안 된다. 헤겔의 이 정식화를 보자마자 우리는, 행위 충동들이 '자유로운' 것, 즉 유한하지 않은 것이려면 그 충동들이 대체 어떠해야 하는지를 묻게 된다. 이 물음에 관한 두 가지 해석적 선택지를 생각해 볼 수 있을 것이다. 그리고 이 둘은 인간의 동기 체계에서의 우발성 지양이라는 문제에 있어 헤겔의 입장을 얼마나 급진적으로 이해할 것인지를 두고 서로 극명하게 갈린다. 먼저 첫 번째 해석적 선택지에 따르자면, 헤겔은 개인적 자기규정이라는 칸트 식의 이념을 원칙적으로 받아들이되, 각 주체가 자유롭게 선택한 결정을 동기적으로도 관철시킬 수 있으려면 그에 상응하는 경향성이 필요하다는 추가 전제를 덧붙인다.[12] 차라리 관습적이라고 할 만한 이런 해석에 반대하는 다른 해석이 있다. 그에 따르면 헤겔은 한 발 더 나아가 개인적 자기규정이라는 이념을 인간의 자연적인 동기 구조 안으로까지 깊숙이 들여오고 싶어했다. 모든 개인 혹은 그에 상응하는 사회 공동체가 스스로 자유에 걸맞은 특정한 경향성과 충동의 교육 Ausbildung을 촉진해야 할 과제 앞에 서게 될 만큼 깊숙이 말이다. 이 두

---

12 이를테면 Allen Patten, *Hegel's Idea of Freedom*, Oxford: Oxford University Press, 1999, p. 53 이하를 보라.

번째의 선택지에 따라 해석하면, 자유의지라는 이념에는 인간의 충동 체계를 '다듬어 개작'Durcharbeitung하려는 의도와 지향을 가져야 한다는 요구가 추가된다. 헤겔의 입장이 어느 쪽인지 알려 주는 열쇠는 내가 보기에 『법철학』 7절의 보론Zusatz에 들어 있는 눈에 띄지 않는 구절에 있다. 여기서 헤겔은 우정이 그러한 자유 경험의 범례라고 말한다. "그런데 우리는 이런 자유를 이미 느낌의 형태로 갖고 있다. 예를 들어 우정과 사랑의 경우에 말이다. 여기서 우리는 일면적으로 자기 안에 있는 것이 아니라, 타인에게 관계하면서 자신을 기꺼이 제한한다. 그러나 이 제한 속에서 우리는 자기 자신으로서의 스스로를 안다. 그 규정됨 Bestimmtheit 안에서 인간은 규정되어 있다고 느끼는 것이 아니라, 타자를 타자로 고찰함으로써 그 안에서 비로소 자신의 자기감정Selbstgefühl을 갖는다. 그러므로 자유는 비규정됨Unbestimmtheit에 있는 것도 아니고, 규정됨에 있는 것도 아니다. 자유는 둘 다이다. …… 의지는 어떤 제한된 것에 결박되지 않는다. 의지는 계속해서 더 나아가야 한다. 의지의 본성은 편협함Einseitigkeit이나 결박됨Gebundenheit이 아니라 자유이기 때문이다. 어떤 특정한 것을 원할 자유, 그러나 이렇듯 특정하게 규정됨 안에서 자기 자신이면서도 다시 일반적인 것으로 되돌아갈 자유"(7절 보론).

여기서, 헤겔이 새로운 [체계] 구성상의 모든 압박에도 불구하고 예나 초기부터 고수하던, 즉 아직 자신의 철학 체계가 갖추어지기 전의 시기부터 체계를 완성한 이후까지 간직한 네 가지 직관 가운데 첫 번째 것이 다시 부각된다. 이 인용문에서 헤겔은, 상이한 자연법 이론의 원자론에 반대하기 위해 도입한 자유 개념을 향해 있기 때문이다. 즉 여기서 헤겔은, 부정적 모델과 선택적 모델이 제시한 결여적인 규정과는 반대로, '자유의지'를 대략 다음처럼 파악해야 옳다고 말하고 있는 것이다. 자기 자신을 자유로운 것으로서 의욕할 수 있으려면, 의지는 내 욕구·욕망·충동 들 중에서, 즉 간단히 말해 나의 '일차적 층위의 의욕들' 가운데, 그것을 실현하는 것이 곧 나 자신의 자유를 표현하고 증명하는 것으로 경험될 수 있는 욕구·욕망·충동으로 자신을 제한해야 한다. 그런데 [어떤 욕구나 경향성을 실현하는 것이 나 자신의 자유를 표현하고 증명하는 것으로 경험될 수 있는] 이런 경우는 그 욕구 혹은 경향성의 대상 자체가 벌써 자유로운 특질을 갖고 있을 때뿐이다. 그런 형태의 '다른 것'만이 의지로 하여금 실제로 자유를 경험할 수 있게 해주는 대상이기 때문이다. 헤겔은 이런 [자유의지 개념의] 구성을, 앞서 살펴본 두 가지 결여적인 모델의 종합으로 소개할 수 있다. 그 이유는 쉽게 이해된다. 헤겔은 두 번째의 '선택적' 모델로부터는 다음의 생각을 받아들인다. 개인적 자기규정이란 스스로를 어떤 특정한 행위 목적에로 반성적으로 제한함을 의미한다. 그에 반해 첫 번째 모델로부터는 다음의 생각이 차용된다. 자율성이란 무제한적인 자기 경험의 형식을 띠어야 한다. 이렇게 두 모델에서 각기 차용해 온 생각들을 한데 종합함으로써 헤겔은, '자유롭게 의지한다는 것'을 '타자 안에서 자기 자신임'Im-Anderen-bei-sich-selbst-Sein*이라는 본Muster에 따라 묘사할 수 있게 된다.[13] 이런

* [옮긴이주] 이 책의 저자인 호네트는 "Im-Anderen-bei-sich-selbst-sein"을 헤겔 특유

식으로 헤겔의 해법을 대략 살펴보았으나 이것은 당연히도 아직 너무 불명료하다. 이 불명료함은 『법철학』의 뒷부분에 가서야 비로소 해결될 것이다. 예컨대 「서론」에 나오는 '도야'Bildung라는 개념은, 어떤 특정 행위 목적에로 나 자신을 반성적으로 제약하는 것이 왜 '선택' 혹은 '자의'Willkür의 작용과는 전혀 다른 것인지 대략 암시할 뿐이다. 그러나 다른 한편으로, 이 '자유의지' 모델이 개인의 자유에 관한 소통적 모델에 해당한다는 것은 벌써 분명해졌다. 그러므로 헤겔이 『법철학』에서

의 소통적 자유 구상의 핵심을 드러내는 경구와도 같이 해제하고 있다. 때문에 아래에서는 이 표현을 최대한 간명하게 부각시키기 위해, "타자 안에서 자기 자신임"이라는 단순한 꼴로 옮겼다. 그러나 이 단순한 번역어 채택이 의미의 소실로 이어지지 않기 위해서는 다음의 사실을 지적할 필요가 있다. 이 표현 안에 들어 있는 "타자"das Andere라는 말은 비단 주체 바깥의 타인을 가리킬 뿐 아니라, 타인과의 관계 안에서 자기를 적극적으로 규정하려는 주체만이 가질 수 있는 질적으로 다른 내면적 의욕들을 또한 지시한다. 따라서 "타자 안에서 자기 자신임"이라는 표현은 다음과 같이 중의적으로 이해되어야 한다. 첫째, '인간은 타인과의 관계 안에서만 비로소 자기 자신일 수 있다'. 그리고 둘째, 이는 궁극적으로 타인과의 관계 안에서 자기 자신을 기꺼이 제한하고자 의욕할 수 있을 때에만 참된 의미의 자유로운 자기실현이 가능하다는 의미이다. 호네트가 앞서 본문에서 보여준 해석에 따르자면, 타인과의 관계 안에서 자기를 규정할 줄 아는 주체가 갖는 이런 독특한 자기제한에의 의욕이야말로, 나로 하여금 "실제로 자유를 경험할 수 있게 해 주는" "다른 것"으로 분류될 수 있는 "일차적 층위의 의욕"에 해당한다. 그러므로 종합적으로 말하자면, "타자 안에서 자기 자신임"이라는 표현 안에 담겨 있는 소통적 자유 구상의 핵심은 다음과 같다. 한갓된 비-규정성이나 무-제약성과는 '다른 것'이자 단지 도덕적으로 명령된 자기제한과도 '다른 것'으로 분류되어야 할 의욕, 즉 타인과의 관계 안에서 기꺼이 규정되고 제한되려는 상호성에의 의욕에 기반해 이루어지는 각종 구체적인 실천을 통해서만 인간은 참으로 자유롭게 자기를 실현할 수 있다.

13 '소통적 자유'라는 개념에 관해서는 다음 문헌들을 참고하라. Michael Theunissen, *Sein und Schein*, Frankfurt am Main: Suhrkamp Verlag, 1978, Kap Ⅰ, 1. 2; Dieter Henrich, "Hegel und Hölderin", *Hegel im Kontext*, Frankfurt am Main: Suhrkamp Verlag, 1971, pp. 9~40; Hinrich Fink-Eitel, *Dialektik und Sozialethik*, Meisenheim am Glan: Hain Verlag, 1978, Teil D, E.

의도하는 프로그램을 좀 더 정확히 떠올려 볼 수 있다.

지금까지 보았듯이, 헤겔은 '자유의지의 현존'을 서술하는 방식으로 정의로운 사회질서의 원칙들을 제시하려고 한다. 여기서 '현존'이라는 말은 '자유의지'가 실현되려면 반드시 필요한 사회적 혹은 제도적 전제들 전체를 가리킨다. 그리고 '자유의지'의 원칙이라는 말로 헤겔이 뜻하는 바가 분명해짐에 따라, 이제 『법철학』의 과제에 대한 우리의 잠정적인 이해에도 다음의 한 가지 핵심 성분이 더 추가된다. 모든 개별 주체들을 소통적 관계——그 자신의 고유한 자유의 표현으로 경험될 수 있는 소통적 관계——안으로 진입할 수 있게 해 주는 각종 사회적·제도적 조건들, 그것들이 곧 정의로운 사회질서의 총체로 파악되어야 한다. 주체들은 그런 유형의 사회적 관계들에 참여할 수 있는 정도만큼, 그들의 자유를 강제 없이 외부 세계에 실현할 수 있기 때문이다. 이 것이 헤겔의 의도이다. 이를 조금 더 일반적으로 정식화하자면, 헤겔은 소통적 관계들을 '근본재화'Grundgut——모든 인간들이 그들의 자유 실현을 위해 관심을 둘 수밖에 없는 근본재화——로 간주한다고 말할 수도 있겠다. 그러나 이렇게 정식화하려면 '헤겔은 롤스와 달리 이 근본재화*가 모종의 원칙들에 따라 올바르게 분배될 수 있다고 생각하지는 않는다'는 규정을 덧붙여야 한다. 헤겔은 오히려, 근대 사회들이 얼마나 정의로운가는 그 사회가 모든 주체들에게 소통적 관계라는 '근본재화'에 대등하게 참여할 수 있도록 보장해 줄 수 있는가에 달려 있다고 말하고 싶은 듯하다.[14]

자신의 『법철학』의 [과제는 "자유의지의 현존"을 기술하는 데 있다는] 근본 정식과 연관해 헤겔이 제시한 마지막 규정까지 보태면, 그런 추측은 더 지지된다. 『법철학』 29절에서 헤겔은 여하간 "자유로운 의지의 현존"에 해당하는 모든 "현존"은 다 "권리"라고 불러야 한다고 말하고 있다. 이것은 이후 논의를 떠받치는 권리 개념의 범위를 확정하는 서술이다. 이런 [중요성]에도 불구하고 이 서술의 의미는 상당히 애매모호하다. 이 서술의 의미를 헤겔은 다음 절에서 설명한다. 이 30절은 『법철학』 「서론」의 또 하나의 열쇠 단락이라고 할 수 있다. 이곳에서 분명해지는 바는 '권리'가 '필요조건'과 '정당한 요구'라는 두 가지 의미를 동시에 갖는다는 점이다. "자유 이념의 각 발전 단계는 모두 [저마다의] 독특한 권리를 갖는다. 이 단계들 각각이 모두 자유의 (여러 규정들 중 하나의) 현존이기 때문이다. 도덕성과 인륜성의 반대 의미로 언급될 경우 **권리**라는 말은, 추상적 인격성의 권리라는 제일 첫 단계의 형식적 권

---

* 본래 경제학에서 유래한 용어. 옷감은 양복을 만드는 데 필요한 '근본재화'이다. 하지만 이 책에서 호네트가 직접적으로 염두에 두고 있는 것은 롤스가 『정의론』 *A Theory of Justice*에서 정의의 원칙들을 도출해내는 데 토대로 삼은 인간 삶의 기본 재화들이다. 롤스는 지성, 상상력, 건강 등의 자연적으로 타고나는 재화들 및 권리, 자유, 소득, 부, 자존감 같은 사회적 기본재화들을 언급하고 이 재화들이 공정하게 분배될 수 있는 정의의 원칙들을 구한다. 물론 호네트는 자신의 헤겔 해석에서 이 개념을 역동적인 것으로 만들어 우리가 자유롭게 자기를 실현하며 살기 위해서 필요한 사회적 소통관계들 및 이 관계들을 보장하는 인륜적 영역들을 인간 삶의 '근본재화'로 개념화하고 있다.

14 찰스 테일러의 다음 문헌들은 이 방향의 해석을 촉진해 준다. Charles Taylor, "The Nature and Scope of Distributive Justice", *Philosophy and the Human Science*(*Philosophical Papers* Vol. 2), Cambridge: Cambridge University Press, 1985, pp. 289~317; "Irreducibly Social Goods", *Philosophical Arguments*, Cambridge: Cambridge University Press, 1995, pp. 127~145.

리만을 가리킨다. 그러나 도덕성, 인륜성, 국익Staatsinteresse은 그것들 저마다가 모두 고유한 권리이다. 이 각각의 형태들은 모두 자유의 규정 이자 현존이기 때문이다"(30절). 논의가 더 진행되어야 그 의미가 보다 정확히 해명될 '인륜성'이나 '국익' 같은 표현이 사용되고 있다는 점을 제쳐 두면, 이 구절은 우선 다음의 사실을 명료하게 보여준다. 헤겔은 '권리' 개념을 자신의 철학적 동시대인들보다 훨씬 더 포괄적으로 사용 한다. 칸트나 피히테는 법/권리 개념으로 적법하게 체계화된 공동 삶의 국가적 질서를 가리켰다. 그러므로 그들은 법/권리 개념으로 무엇보다 도 국가의 강제성Erzwingbarkeit이라는 계기를 강조했다. 반대로 헤겔은 같은 개념으로 각 개별 주체의 '자유의지'의 실현을 위해 필요한 모든 사회적 전제들을 아우른다. 그런데 [이때] 헤겔이 개별적인 '자유의지' 의 전개와 실현을 위해 사회적 현실 안에, 즉 '현존' 안에 주어져 있어야 할 조건으로 여기는 것들은, 제도화된 법/권리 안에서 움터 나오는 것 들이 아니다. 앞서 보았듯이 헤겔에게는 오히려, 소통적 관계들 ——즉, 각 개인들이 "타자 곁에서 자기일" 수 있도록 해주는 소통적 관계들 ——이 자유의지의 실현을 위한 조건이기 때문이다.[15] 그런 한에서 헤

---

15 헤겔의 이런 포괄적 권리 개념에 관해서는 다음을 참조할 것. Ludwig Siep, "Vernunftrecht und Rechtsgeschichte", *Grundlinien der Philosophie des Rechts*(Klassiker Auslegen, Bd. 9), Hrsg. Ludwig Siep, Berlin: Akademie Verlag, 1997, pp. 5~30; Ludwig Siep, "Philosophische Begründung des Rechts bei Fichte und Hegel", *Praktische Philosophie im Deutschen Idealismus*, Frankfurt am Main: Suhrkamp Verlag, 1992, pp. 65~80; Allen W. Wood, *Hegel's Ethical Thought*, Cambridge: Cambridge University Press, 1990, p. 71 이하.

겔이 자신의 기획에다 —— 당대에도 오늘날에도 [그가 말하는 바와는] 다른 의미로 사용되는 —— '법철학'이라는 제목을 붙였다는 것은 여하간 첫눈에도 오해를 불러일으킬 소지가 다분하며 혼란스럽다. 일반적으로 법철학은 적법한 권리/법의 사회적 역할을 규범적으로 정당화하려는 시도로 이해된다. 반면에 여기 [헤겔의 기획]에서는 개인적 자기실현의 사회적 조건들에 관한 일종의 윤리적 서술이 개진된다. 그리고 헤겔이 이 조건들 가운데 하나로 적법한 권리/법을 꼽는 것은 사실이다. 그러나 위의 [『법철학』 30절] 인용문에서 언급되었듯이, 이때 권리/법은 별도의 계기라고는 해도 다만 "형식적"인 것으로 간주되고 있다. 그러므로 [헤겔의 기획은 도저히] "법철학"이라고는 할 수 없고 기껏해야 적법한 권리/법을 다루는 윤리 이론 정도라고 말해야 할 것 같다. 그러나 이렇게 말하면 '법철학'이라는 제목을 자기만의 방식으로 포괄적으로 사용하는 까닭을 밝히기 위해 헤겔 자신이 위의 인용문에서 제시한 이유를 간과해 버리는 것이다. '자유의지'의 실현에 필요한 조건으로 입증될 수만 있으면 모든 사회적 현존 형식들을 다 '권리'라고 해야 하는데, 그 이유는 그 사회적 현존 형식들에게는 각기 어떤 특수한 '권리'가 인정되기 때문에 그렇다는 헤겔의 생각 말이다.

헤겔이 이런 개념적 제안을 할 수 있었던 것은, "권리"라는 근대적 개념을 개인의 영역에서 사회적 관계들 혹은 구조들 쪽으로 이전시킨 덕분이었다. 근대의 "권리" 개념은, "어떤 한 주체가 보편적으로 정당하며 국가적으로 승인된 권한들을 갖고 있다"는 규범적인 표상을 핵심으로 한다. 그러나 헤겔이 『법철학』에서 사용한 권리 개념의 용법에 따르면, 일차적으로 개인들에게 일반적인 권리가 귀속되는 것이 아니라, 자유의지의 실현이라는 관심사에서 볼 때 사회적 근본재화로 입증될 수 있는 사회적 현존 형식들에 일반적인 권리가 귀속된다. 그리고 여기서 다음의 추가적인 질문을 던져 보면, 지금까지 대략적으로 파악된 헤겔의 권리 개념의 용법은 더 분명히 이해된다. '그런 상이한 영역들은 무엇에 대한 정당한 권한을 갖는가?' 헤겔의 생각은 분명하다. 그 영역들은 '근대 사회의 제도적 질서 안에서 합당한 자리를 차지할 권한'을 갖는다는 것이다. 개인적 자기규정을 사회적으로 성립시키는 데에서 그 영역들이 얼마나 대체 불가능한가의 정도에 따라서 말이다. 그러므로, 헤겔이 『법철학』에서 다룬 "권리들"을 [소지하고 나르는] 운반자Träger는 일단——사회 전체가 자기를 보존해야 한다고 주장할 권한을 가진——각 사회적 실천들과 영역들이다. 그런 다음에, 개인적 자기규정의 규범적 원칙들[의 보호와 발전을 표방하는 어떤 한 정의로운] 사회에서 살아가는 모든 성원들이 다시 저 실천들의 영역, 제도, 체계가 운반하는 "권리들"의 수신인Adressat으로 간주된다.

이런 지극히 독특하고 완고한 개념 사용 때문에 헤겔은 자신의 사회적 정의론의 시도를 '법철학'이라고 이름 짓는다. 헤겔은 단지 [자신의 저작을 법철학이라고] 이름 짓는 것만으로, 자신의 기획이 칸트나 피히테의 법철학적 단초들과 규범적 출발선 상에서는 공통점을 가지고 있을지라도 전체적으로는 그들의 법철학에 도전하는 것임을 분명히 하고자 했다. 물론 그뿐만은 아니었다. 이 제목을 선택함으로써 헤겔은 또한, 자신의 이론을 규범적 [문제를 다루는 기획]으로 전환시킨 것이기도 했다. 권리라는 범주를 사용한 이상 헤겔은, 어떤 사회 영역들의 '현존요구'Daseinsansprüche를 합당하다고 간주해야 할 합리적 근거들을 제시해야 하기 때문이다. 지금까지의 논의를 통해 밝혀진 바대로, 이 합리적 근거들은 개인적 자기실현의 필요조건들을 '서술'하는 형태로 정당화되어야 한다. 그리고 이런 '서술적인' 정당화의 척도는, [개인들이] 자기를 사회적으로 규정하기 위해서는 그 영역들이 대체불가능[할 정도로 반드시 필요]하다는 것이다.[16] 그런 한에서 헤겔의 『법철학』은 사회정의에 대한 규범 이론이다. 모든 성원들에게 자기규정을 실현할 기회를 보장해 주려면 근대 사회가 어떤 사회 영역들로 구성되어야 하는지를 [입증하기 위해서] 개인적 자율성의 필요조건들을 재구성하는 [규범적 사회정의론]. 헤겔의 이 기획 의도에서 우리는 예나 청년기 국면으로부터 성숙기 실천 철학 안으로 들어온 그의 근본확신들 중 두 번째의 것을 재발견하게 된다. 소통적 관계에 대한 지금까지의 분석을 염두에 둔다면, 법철학에서 헤겔의 핵심의도는 다음과 같기 때문이다. 헤겔은, '상대의 자유를 나의 자기실현의 전제로 여길 수 있는 주체들'의 사회적 관계들을 정당화하는 방식으로, 정의의 일반 원칙들을 제시하려고

---

16 비토리오 회슬레는 헤겔의 『법철학』이 얼마만큼이나 규범 이론으로 이해되어야 할지에 대한 흥미로운 설명을 보여 준다(Vittorio Hösle, *Hegels System*, Bd. 2, Hamburg: Felix Meiner Verlag, 1987, pp. 417~423). 그러나 나의 제안은 회슬레의 해석과는 다르다. 나는 [헤겔의] '객관정신' 구상, 즉 '합리적 현실성'rationalen wirklichkeit 구상이 그 자체로 이미 규범적이라고 보기 때문이다. 이 구상에서 '합리성'은 '자유의지'의 도덕적 원칙이라는 견지에서만 이야기될 수 있기 때문이다. 즉, 어떤 사회적 현실성은——인지적 요건이 아니라 ——도덕적인 요건을 충족할 때 '합리적'이라고 불릴 수 있다.

한다(위의 19쪽, [청년 헤겔의 실천철학적 직관 가운데 두 번째의 것]을 보라). 이 중간결론을 토대로 우리는 이제『법철학』의 근본구조와 목차를 어렵지 않게 분석할 수 있다.

2. 『법철학』에서의 "권리/법"Recht: 자기실현의 필요 영역들

『법철학』의 의도와 제목이 첫눈에 놀랍고 기이해 보였던 것처럼,『법철학』의 전체 구조와 목차도 독자들에게 일단은 무척 낯설게 느껴질 것이다. 헤겔이「서론」에서 제시한 기획적 정식화들 뒤에 숨겨진 의도가 밝혀진 이상, 헤겔의 본론이 개별적 자기실현의 소통적 조건들을 점진적으로 재구성해 나가는 식으로 전개되리라고 기대하는 것은 충분히 지당해 보인다. 하지만 그런 단순한 논증 도식이『법철학』의 각 절들을 나누는 얼개 원칙Gliederungsprinzip이라고 추측한다면,『법철학』의 체계적 요건Systemzwang은 물론이고 보다 복잡한 헤겔의 여타 의도들을 가치 절하해 버리는 것이다. 자신의 정의론을 전개하면서 헤겔이 비단, '자유의지'가 실현되려면——자유의 소통적 구조를 감안할 때——없어서는 안 될 상호주관적 행위 영역들을 재구성하려는 목적만 추구한 것은 아니었다. 그는 더 나아가, 개인적 자기실현을 위해 꼭 필요하기는 해도 충분하지는 않은 조건들, 그런 한에서 자기 실현의 불완전한 조건들이라고 할 수 있는 자유 구상들까지도 근대 사회의 제도적 질서 안에 정당하게 배치해 넣고 싶어 한다. 그러므로 헤겔이 자신의 정의론에 도입한 양 갈래 분할Zweiteilung은 일단, '자유의지' 실현의 불완전한 조건들과 완전한 조건들을 구분하는 것이다. 즉 헤겔은 우정을 본으로 하는 소통적 관계들만이 실제로 개별 주체의 자유 실현을 가능하게 해 준다고 확신하지만, 그럼에도 불구하고 그런 실천적 자유가 실현되려면 다른 자유 구상들, 즉 불완전한 자유 구상들이 반드시 전제되어 있어야 한다는 것도 인정한다. 따라서 『법철학』 특유의 용어법을 사용함으로써 헤겔은, 여러 가지 상이한 자유관념들(혹은 자유영역들) 각각의 "권리"를 차례대로 설명함으로써, 그 모두가 한데 합쳐져야 비로소 '자유의지'의 완전한 실현이 가능해진다는 것을 보여 주어야 한다. 그리고 이 체계적인 설명의 목적은, 그런 상이한 자유의 조건들이——개인적 자기실현을 가능하게 만들어 주려면——근대 사회의 구조 안에서 어떤 자리를 차지해야 할지를 정확하게 지정해 주는 것이다.

물론 이런 생각들은 『법철학』의 혼란스러운 구조를 적절히 이해하기 위한 예비 단계에 불과하다. 만약 헤겔이 자유실현의 필요조건과 충분조건의 구분에만 주력했다면, 『법철학』을 두 부분으로 나누는 것이 가장 손쉬운 전략이었을 것이다. 하지만 알다시피 『법철학』은 차례대로 '추상적 권리/법', '도덕성', 그리고 '인륜성'을 다루는 세 부분으로 구성되어 있다.[17] 물론 이런 삼분할에도 자유 실현의 조건을 두 부류

---

17 특히 일팅Ilting과 베스트팔Westphal이 이 삼분법을 흥미롭게 해석하고 있다. Kenneth Westphal, "The Basic Context and Structure of Hegel's Philosophy of Right", *The Cambridge Companion to Hegel*, ed. Frederick C. Beiser, Cambridge: Cambridge University Press, 1994; Karl-Heinz Ilting, "Die Struktur der Hegelschen Rechtsphilosophie", *Materialien zur Hegelschen Rechtsphilosophie* Bd. 2, Hrsg. Manfred Riedel, Frankfurt am Main: Suhrkamp Verlag, 1974.

로 나누는 구분법이 반영되어 있다. '인륜성'이라는 제목이 붙은 마지막 부분만이 '가족', '시민사회', 그리고 '국가'에 관한 절로 꾸려지면서 실제로 [자유 실현의 완전한 조건에 해당하는] 소통적 행위 영역들을 다룰 뿐, 앞의 두 부분에서는 개인주의적인 자유 구상들[이라는 불완전한 자유 실현의 조건]이 논의되기 때문이다. 그렇기는 해도 『법철학』의 정확한 얼개에 관한 한, 헤겔이 개인의 자기실현에 필요한 조건들을 재구성하기 위해 세 가지 독립적인 단계들을 밟아 가고 있다는 것은 분명한 사실이다. '추상적 권리/법'에 관한 첫 부분 다음에는 '도덕성'에 관한 부분이 따라오며, 거기에는 다시 '인륜성'을 다루는 맨 마지막의 핵심적인 장이 일종의 종합의 형식으로 붙어 있다. 이런 삼분할법을 이해하기 위해서 그와 같은 식의 삼단계 서술방식을 지지해야 할 무한한 근거를 제공해 주는 헤겔의 『논리학』을 최우선으로 참조해야 하는 것이 아니라면, 앞서 『법철학』 「서론」의 본질적인 내용으로 고찰되었던 '자유의지'에 대한 세 가지 규정을 떠올려 보는 것이 문제 해결의 열쇠를 줄 것이다. 「서론」에서 제시된 구분을 참조하여 『법철학』의 삼분 구조三分構造를 설명하려는 시도는 대략 다음과 같은 형태를 띨 수 있다. 첫째, 헤겔은 앞서 자신이 수행했던 세 가지 '자유의지' 개념의 구분으로, 근대 사회에서 성립 가능한 자유 모델들의 스펙트럼을 보여 주었다고 확신한다. 둘째, 헤겔은 이 세 가지 자유 모델들이 공히, 개인적 자기규정의 소통적인 조건들을 설명하려면 사회적 태도나 실천의 견지에서 고려해야만 할 본질적인 측면들을 포함하고 있다는 점에서 출발한다. 셋째, 헤겔은 이 모든 자유 모델들은 그저 추상적 이념이나 이론적 표상에 불과한 것이 아니라, 근대 세계의 사회적 사건들에 이미 큰 영향력을 발휘하고 있으므로 당연히 객관정신의 '형태들'로서 그리고 그것들 나름의 '권리들'에 따라 평가되어야 한다고 생각한다.[18] 자신의 철학체계에 대한 생각이 어떠했든 헤겔이 이 세 가지 전제하에서 목차를 구성했음에 틀림없다면, 『법철학』의 삼분 구도는 이제 충분히 납득하기 쉬운 체계적 의미를 갖는다. 개인적 자기실현의 필요충분조건들이 어떤 성질의 것이어야 할지를 정하려면, 즉 소통적 자유의 제도적 관계들을 '인륜성'이라는 제목하에서 묘사하려면, 그 전에 우선 두 가지 다른 불완전한 자유 모델들이 근대 사회에서 행해야 할 제한된 역할들을 확정해야 한다. 왜냐하면 이 두 가지 불완전한 자유모델은, 개인들이 저 소통적인 영역에 참여하려면 먼저 어떤 구성적 전제들을 [충족해야 할지를] 보여 주기 때문이다. 이런 의미에서 『법철학』의 사실상의 핵심 [챕터인 "인륜성"] 앞에 쓰여진 두 부분에서 헤겔은, 두 가지 개인적 자유의 관점이 정당하게 자신의 실존을 요구할 수 있는 [까닭을] 체계적으로 설명하려고 한다. [즉 헤겔은 『법철학』의 첫 두 챕터에서] 비록 인간의 자기규정의 부분적 측면들만을 포괄하는 데 그칠지라도 [근대] 사회의 실천적 자기이해에 막대한 영향을 미친 두 가지 개인적 자유 관점[이 정당하게 통용되어야 할 영역]을 제시한다. 먼저 「추상적 권리/법」 챕터

---

18 앨런 우드는 '추상적 권리/법'과 '도덕성'에 대해 말할 때 헤겔에게 중요한 것은 영향력 있고 강력한 근대의 자유 구상들이었다는 생각을 아주 잘 발전시켰다. Allen Wood, "Hegel's Ethics", *The Cambridge Companion to Hegel*, Hrsg., Frederick C. Beiser, Cambridge: Cambridge University Press, 1994, pp. 211~233.

에서 헤겔은, 개인의 자유를 주관적 권리의 형태로 이해하는 근대적 자유 구상의 사회적 위치를 확정하려고 한다. 반면에 「도덕성」 장에서는 개인의 자유를 도덕적 자기규정 능력에서 찾는 근대적 자유 구상의 적절한 자리를 개괄하려고 한다.

『법철학』의 삼분 구도를 그와 같이 체계와 무관하게 끌어내는 연역법은 다음을 전제한다. 헤겔이 '자유의지'에 대한 불완전한 파악 방식으로 여긴 두 모델과 헤겔 자신의 '추상적 권리/법' 및 '도덕성' 규정 사이에는 모종의 대칭적 유사성이 있다. 뿐만 아니라 이 테제 안에는 다음의 테제가 함축되어 있다. 헤겔은 이 두 가지 제한된 자유 모델을 또한 사회적 영향력이 큰 관념 복합체 Ideenkomplexe —— 즉, 적절하게 자리매김되면 틀림없이 소통적 자유의 제도적 관계들에 꼭 필요한 성분으로 입증될 수 있을 관념 복합체 —— 로도 소개하려는 무척 세련된 의도를 갖고 있었다. 내가 보기에 헤겔은 『법철학』의 첫 두 챕터에서 바로 이 두 전제를 증명하고자 한다. 이때 헤겔은 첫 번째 테제의 증명을 두 번째 테제에 비해 훨씬 더 쉬운 일로 여겼을 것이다. 첫 번째 테제에 관한 한 헤겔은, '추상적 권리/법'과 '도덕성'의 자유모델이 어떤 성질 때문에 '부정적' 혹은 '선택적' 자유의지 규정을 표현하는 모델에 불과한지, 그것만을 보여 주면 된다. 그렇다면 개인의 자유가 도덕적 자율성으로 환원될 경우 주체는 결코 우연한 행위자극과 충동에서 자유로울 수 없다는 추측도 이 첫 번째 테제의 증명과 관련된 사안일 것이다. 그런데 지금까지는 간략하게만 언급되었던 두 번째 테제를 증명하는 것은 헤겔에게 훨씬 더 어려운 일이다. 이 테제의 핵심 주장은, 저 두 가지 제한된 자유 모델은 올바르게 배치되기만 하면 소통적 형태의 자유를 구성하는 성분으로 볼 수 있다는 것이다. 때문에 여기서는 곧장 다음의 물음이 제기된다. 그런 자유구상에 입각한 태도들이 우리의 상호주관적인 자유의 제도적 질서 안에서 '적절한' 자리에 배치되면서 '적합한' 권리를 가져야 한다는 말의 의미가 무엇인가?

헤겔이 이 물음에 대답하기 위해서 『법철학』의 첫 두 부분에서 제시한 다층적인 논증이야말로 오늘날까지도 그의 실천철학의 가장 강력한 난제들 중 하나이다. 그러므로 「인륜성」 장에 전체가 요약되어 있다고 보고, 그 장에만 집중하면서 『법철학』과 씨름하려는 경향은 완전히 근거 없는 시도에 불과하다. 헤겔은 두 가지 불완전한 자유 모델들이 절대화될 경우 초래될 사회적인 손상들을 보여 줌으로써, 그 두 모델의 적절한 '자리'와 적합한 '권리'[의 범위]를 명확히 하려는 부정적인 논증을 구사한다. 개인적 자유에 대한 저 두 표상들 ──자유를 법적 권리 자격의 요구로 보는 표상, 혹은 자유를 도덕적 자율성과 동일시하는 표상 ──가운데 어떤 것이 절대화되든, 사회적 현실 그 자체에서는 병리적 기피 현상들pathologische Verwerfungen이 나타난다. 이런 병리적 기피 현상들은, [저 두 자유표상들이] 그 정당한 통용 범위의 한계선을 넘어 [부당하게 절대화되었음을] 보여 주는 확실한 '경험적' 지표이다.[19] 내적으로 불완전한 자유 구상들이 사회적으로 홀로 절대화될

---

19 헤겔의 작업은 바로 이런 방법의 견지에서, 그리고 오직 이 견지에서만 알래스데어 매킨타이어의 『덕의 상실』 기저에 있는 방법론에 가깝게 접근한다. 매킨타이어도 잘못된 혹은 불완전한, 그러므로 비판받아 마땅한 자유에 대한 이해 때문에 개인적인 자기 관

경우 어떤 부정적 효과를 초래하는지를 예증하는 이런 방식으로, 헤겔은 그 자유구상들이 우리의 소통적 실천 안에서 구조상 어떤 자리에 배치되어야 할지를 차근차근 보여 준다. 헤겔이 이런 간접적이고도 시대 진단적인 정초의 방법을 사용하게 된 배경에는 다음의 두 가지 확신이 있다. 첫째, 헤겔은 자기 당대에 이 두 가지 자유 모델들이 사회 세계에서 막대한 영향력을 발휘하고 있을 뿐 아니라 이미 절대화되면서 주체들이 자기 자신과 맺는 실천적 관계에서의 부정적인 악영향을 끼치는 데로 이어지기 시작했음을 경험적으로 확신한다. 때문에 헤겔은 '추상적 권리/법'과 '도덕성' 영역이 지켜야 할 올바른 한계선이 훼손되었음을 보여 주는 간접 증거로 볼 수 있는 병리 현상들을 자신의 글 여러 곳에서 제시한다. 이런 형태의 사회적 병리 현상들을 묘사하기 위해 헤겔은 "고독함"(136절), "공허함"(141절), 혹은 "의기소침"Gedrücktheit(149절) 같은 시대 진단적 표현들을 사용한다. 이것들은 모두 '비규정성의 고통'이라는 공통분모로 환수될 수 있을 개념들이다. 하지만 헤겔은 이 시대 진단보다 이론적으로는 훨씬 더 중요한 두 번째 전제를 동시에 도입할 때에만, 그 시대 진단이 자신의 『법철학』에 체계적인 의미를 갖도록 만들 수 있다. 즉 저런 병리적 상태들과 두 가지 불완전한 자유 모델의 절대화가 필연적으로 연관돼 있다고 주장할 수 있으려면, 헤겔은 다

계에 초래되는 사회적 손상 혹은 병리 현상을 진단함으로써 비로소 확장된 제3의 자유에 대한 이해를 발전시킬 수 있다는 방법적 원칙에 기반하고 있다. 또 미하엘 토이니센에게서도 시대 진단과 규범 이론을 체계적으로 결합시키는 유사한 논증 구조가 발견된다. Michael Theunissen, *Selbstverwirklichung und Allgemeinheit: Zur Kritik des gegenwärtigen Bewusstseins*, Berlin & New York: Akademie Verlag, 1982.

음을 보여 줄 수 있어야 한다. 인간 현존[의 자유]에 관한 그릇된 혹은 불충분한 규정이 적용되면 사회적 현실은 타격을 입는다. 여기서 핵심적인 역할을 하는 헤겔의 확신은, 사회적 현실은 항상 이미 이성의 합리적 근거들에 의해서 유지·관철되고 있으며, 이 근거들을 실천적으로 위반할 경우 사회적 삶에서의 부정과 왜곡들이 초래된다는 것이다. 이것들이 바로 헤겔이 『법철학』의 첫 두 절에서 도전적으로 개진하는 두 가지 생각이다. 이 두 생각 덕분으로 헤겔은 자신의 정의론을 시대 진단과 연결하게 된다. 자기 당대인들에게, 그들이 겪고 있는 "의기소침한" 심정 상태만으로도 소통적 자유의 인륜적 관계를 지향해야 할 이유는 충분하다는 것을 납득시켜 줄 시대 진단과 말이다.

II부

정의론과 시대 진단의 결합

II부
정의론과 시대 진단의 결합

헤겔의 『법철학』을 간접적으로 재활성화하는 시도를 계속해 나가기 전에 먼저, 우리가 지금까지 『법철학』의 의도와 목차에 대해 알게 된 사실들을 간략히 정리해 보자. 일단 헤겔의 의도에 관해 우리가 지금까지 확인한 바는 다음과 같다. 칸트와 피히테처럼 헤겔도 근대 사회의 정의론은 모든 주체들에게 동등한 자유를 보장한다는 원칙에 기초해야 한다고 생각한다. 하지만 이 두 선배학자들과 달리 헤겔은 자신의 초기 문헌의 확신을 재전유하면서 개인적 자율성 혹은 자유의 개념이 더 복잡하게 파악돼야 한다고 생각한다. 반성적 자기규정의 질료, 즉 우리의 "일차적 층위의 의욕들"까지도 자유의 요소로 혹은 ──더 적절하게 표현하자면── 자유의 매개체로 간주돼야 한다는 것이다. 이런 자신의 생각이 무엇을 뜻하는지를 그는 우정의 경우를 본本으로 삼아 설명한다. 우정의 경우, 우리는 어떤 특정 경향성을 선호하는 쪽으로 스스로를 기꺼이 제한하면서도, 이렇게 제한된 특정 경향성을 실행에 옮김으로써 무제한적이고 자유로운 자기실현을 경험한다. 그러므로 개인적 자유에 대한 충분히 복잡한 개념은, 우정의 경우를 일반화함으로써, "타자 안에서 자기 자신임"의 소통적 구조를 도출해낸다. 우리는 사회적 상호작용의 일반적 요건들——즉, 그것의 이행 자체가 무-제한적 주관성의 표현으로 경험될 수 있는 그런 사회적 상호작용의 일반적인 요건들——에 맞춰 우리의 경향성과 욕구를 조형할 줄 알 때에만 참으로 자유롭다. 해리 프랭크퍼트의 후기 문헌들을 넌지시 암시하면서 다음과 같이 말할 수도 있을 것이다. 강요되지 않은 주관성——즉 "자기 자신임"——의 가장 강한 표현으로 경험될 수 있는, '타자를 위한 자기제약'. 거기에 참된 자유가 있다.[20]

헤겔은 이로부터 근대적 정의에 관한 자신의 이론이 어떤 모습을 띠게 될지를 처음으로 예견하게 된다. 칸트와 피히테처럼 헤겔도 근대적 정의론의 과제는 본질적으로 자율성 혹은 '자유의지'의 실현에 필요한 조건들을 밝히는 데 있다고 보기 때문이다. 그러므로 개인적 자유가 가장 먼저 그리고 무엇보다도 "타자 안에서 자기 자신임"을 의미한다면, 근대 사회의 정의는 사회의 모든 성원들에게 그런 소통적 경험의 가능성을 똑같이 보장해 줄 수 있는, 결과적으로 모든 개인들을 왜곡되

---

20 Harry G. Frankfurt, "Autonomy, Necessity and Love", *Necessity, Volition and Love*, Cambridge: Cambridge University Press, 1999, pp. 129~141과 "On Caring", ebd., pp. 155~180을 보라. 물론 헤겔의 자유 개념을 더 자세하게 이해히려면, 프랭크퍼트의 구상과의 차이도 무척 중요하다. 첫째, 헤겔은 해리 프랭크퍼트와는 다르게 개인적인 자유의 표현으로 경험될 수 있을 저런 자기 제한의 대상은 오직 다른 주체들 뿐이라고 제한한다. 이는 헤겔 자신의 소통적 자유 이론에도 전적으로 부합한다. 둘째, 헤겔은 나의 자기 제한의 '대상'을 선택하는 이 과정, 즉 해리 프랭크퍼트의 맥락에서라면 조건 없는 '배려'의 대상을 선택하는 과정을 완전히 우리의 통제력 너머의 것, 즉 사건처럼 일어나는 것으로 두지 않는다. 오히려 헤겔은 개인이 자신을 그와 같이 제한하는 데까지 "도야"해 나아갈 수 있는 가능성을 인정한다.

지 않은 상호작용 관계에 참여할 수 있게 하는 그 사회의 역량에 따라 측정되어야 한다. 이런 의미에서 우리는 한발 더 나아가 다음과 같이 강하게 말할 수도 있을 것이다. 헤겔은 개인적 자유의 이름으로 소통적 관계들을 [강조하며, 그것들을] 근대 사회들이 전적으로 정의의 관점하에서 취급하는 "근본재화"라고 칭한다. 하지만 앞서 언급되었듯, 이때 '재화'라는 경제적 표현의 사용 때문에 헤겔이 마치 롤스 식의 분배 규칙을 중심으로 정의를 규정한다는 식의 오해가 빚어져서는 안 된다. 오히려 헤겔은 소통적 관계는 공동의 실천을 통해서만 산출·보존될 수 있는 재화에 속한다는 가설에서 출발하는 것 같다. 그러므로 [헤겔의 정의론적 맥락에서 우리는] '공동의 실천'에 필요한 조건들의 일반적 보장에 대해서만 말할 수 있다.[21] 그 밖에도 나는 헤겔과 롤스의 이 차이를 더 자세히 파악하면, 『법철학』의 정의론을 이해할 수 있게 해 주는 핵심적인 논점에 도달할 수 있을 것으로 본다.

이 간략한 요약을 통해 다음이 입증되었다. 헤겔의 의도는 근대 사회의 규범적 정의 원칙을 정초하는 데 있다. 그리고 이때 근대 사회의 규범적 정의 원칙이란, 개인적 자기실현에 필요한 모든 조건들 전체를 아우르는 말이다. 그리고 권리/법 개념을 독특하게 사용한다는 점에서 잘 드러나듯이, 이 정초 작업에서 헤겔에게 본질적인 논점은 다음의 것이다. 모든 국민을 대의하는 기관으로서의 국가의 실존 자격은 각 개별

---

21 여기서 다시 찰스 테일러의 설명을 떠올려 보자. Taylor, "Irreducibly Social Goods", *Philosophical Arguments*, Cambridge: Cambridge University Press, 1995.

주체들의 자기실현을 돕는 소통적 영역들이 올바로 유지되도록 보장해 주는 데 달려 있다. 이런 헤겔의 생각을 보다 분명히 이해하기 위해서, 여기서도 다시, 복잡성의 견지에서 헤겔의 『법철학』과 경합할 만한 법 이론을 전개한 우리 시대의 이론가와 비교해 보면 좋을 것이다. [가령 하버마스를 떠올려 보자.] 하버마스가 『사실성과 타당성』에서 개진한 규범적 구상에 따르면, 국가적 법질서는 민주적 의지 형성의 조건을 보장한다는 점에서 정당성을 갖는다.[22] 그에 반해 헤겔은 개인적 자기실현에 중점을 두면서, 이에 필요한 조건들로부터 근대적 법질서의 과제를 연역해 낸다. 그리고 이때 헤겔에게는, 자유의지의 구조를 규정하는 그만의 독특한 방식 때문에, 소통적 영역들이 전면으로 부각된다.

『법철학』에서 헤겔의 의도를 분명히 이해하는 것만큼이나 어려웠던 문제는 그의 이론적 작업의 기저를 이루는 목차 구성의 의미를 해독하는 것이었다. '추상적 권리/법'에서 시작해 '도덕성', '인륜성'으로 이어지는 『법철학』의 독특한 구성은 첫눈에는 헤겔의 의도와 목차 사이에 어떤 유의미한 결합관계가 있다고 말하는 것 자체를 불가능하게 만드는 것처럼 보였다. 이 지점에서 유익한 것으로 입증되었던 것이 바로, 헤겔이 이미 「서론」에서 근대 사회에 결정적이라고 언급한 세 가지 자유 이해 방식에 이 책의 세 장章이 각각 대칭된다는 제안이었다. 즉, 「서론」에서 포괄적이고 완전한 '자유의지' 개념의 필수성분으로 도입

---

22 Jürgen Habermas, *Faktizität und Geltung*, Frankfurt am Main: Suhrkamp Verlag, 1992[『사실성과 타당성』, 한상진·박영도 옮김, 나남, 2000].

되었던 '부정적'·'선택적'·'소통적' 자유 이해가 (이론이 상승 방향으로 전개됨에 따라) 차례대로 개인의 자기실현을 돕는 사회 영역들 중 하나로 제시된다는 제안. 이렇게 시사된 제안을 따를 경우『법철학』을 해제하기 위한 열쇠는 다음에 있다. 주체들이 인륜적 영역의 소통 구조 안에서 자기실현을 이룰 수 있기 위해서는, 먼저 두 가지 선행 조건이 필요하다. 한편으로는 주체들이 자신을 법적 권리의 소지자, 즉 법인격자로 이해하는 법을 배우는 틀이 마련돼 있어야 한다. 그리고 다른 한편으로는 그들이 자신을 개인적 양심의 소지자, 즉 도덕 주체로 파악할 수 있게 해 주는 도덕적 질서가 주어져 있어야 한다. 그리고 헤겔은 자기를 [한편으로는 법인격자로서의 자리에, 다른 한편으로는 양심의 소지자로서의 위치에] 놓는 이 두 도덕들이 주체 안에서 하나의 실천적 정체성으로 융합될 때 비로소, 그 주체는 근대적 인륜성의 제도적 조직망 안에서 (외적 강제나 자기의 특정한 충동에 구속되지 않고) 자발적으로 자신을 실현할 수 있다고 말하고 싶어 하는 것 같다.

3. 비규정성의 고통: 개인적 자유의 병리 현상들

물론 이런 생각들은 헤겔이 몇 페이지에 걸쳐 복잡하게 논증했어야만 할 정도로 난제였던 하나의 문제가 벌써 해결된 양 상정하고 있다. 즉 앞서의 내 정리들은, 두 가지 불완전한 낮은 층위의 자유 모델들이 근대적 자유의 조건들 모두를 포괄하는 전체 지평 안에서 어떤 위치를 차지해야 하는지가 처음부터 분명하거나 아니면 이미 입증된 것 같은 인상을 준다. 하지만 실상은 전혀 그렇지 않다. 헤겔은 오히려 이 물음에 대답하는 것을 자신의 『법철학』이 풀어야 할 고유한 숙제로 여겼다. 이는 당대의 실천적-도덕적 상황을 바라보는 헤겔 자신의 특수한 관점에서 비롯된 것이다. 헤겔은 법적 권리에 따라 파악된 자유 혹은 도덕적 자율성을 개인적 자유의 전체인 것처럼 간주하면서 이 두 가지 자유 구상의 총체적 전면화를 요구하는 주장이 나타나고 있다는 사회적 경향을 자기 시대의 고유한 독특성으로 여긴다. 때문에 헤겔의 저작 안에는, 도덕성이 [사회적 관계들로부터 떨어져나와] 자립화될 때 벌어지는 위험한 문제들, 그리고 단순히 법적 권리 중심으로 파악된 자유로 시야를 좁힐 경우 야기되는 부정적인 효과들을 지적하는 부분들이 셀 수 없이 많다.[23] 그런데 이 두 가지 자유 이해가 자립화되는 경향이 당대의 특징을 가장 집약적으로 보여 주는 사회문화적 현상들이라면, 그런 법적 자유와 도덕적 자유의 올바른 자리와 위치가 어디인지는 —— 일상적으로도 이론적으로도 —— 분명하게 대답할 수 없는 문제가 된다. 헤겔이 보기에 자기 당대의 지성인들 사이에서는 오히려, 이 새롭게 생겨난 여러

---

23 특히나 『정신현상학』은 근대의 의식 형태들에 대한 비판으로, 즉 제한된 자유 모델들과 그 병리적인 결과들에 대한 비판 ——시대 진단의 동기를 가진 비판——으로 이해될 수 있다. 최근의 연구서들에서는 특히 이런 시대적 연관이 분명하게 부각된다. Terry Pinkard, *Hegel's Phenomenology: The Sociality of Reason*, Cambridge: Cambridge Univ. Press 1994, 특히 Kap. 5; Gustav-Hans H. Falke, *Begriffene Geschichte: Das historische Substrat und die systematische Anordnung der Bewusstseinsgestalten in Hegels Phänomenologie des Geistes*, Berlin: Lukas Verlag, 1996. 헤겔의 시대 진단을 탁월하게 조망하는 연구서로는 아직도 여전히 다음 책을 꼽아야 한다. Taylor, *Hegel and Modern Soceity*, Cambridge: Cambridge University Press, 1979[『헤겔 철학과 현대의 위기』, 박찬국 옮김, 서광사, 1988].

자유 모델들을 어떻게 적절히 [배치하고] 결합시켜야 할지에 관한 혼란이 지배적일 뿐이다. 그런 한에서 헤겔은 먼저, 내가 앞에서 상대적으로 손쉬운 해결책으로 상정했던 것을 자신의 과제로 삼아야 한다. 자신의 인륜성 개념이 가리키는 소통적 자유의 조건들을 위해서 법적 자유와 도덕적 자유가 제각기 어떤 필수적인 기능을 담당하는지를 자신의 정의론 안에서 분명하게 제시하는 것 말이다.[24]

바로 이 지점에서 나는 내가 앞 장의 끝 부분에서 [더 쫓아가지 않고] 남겨두었던 실마리를 다시 붙잡아 논증해 나갈 수 있다. 나는 다음의 가설을 제시하며 앞 장의 논의를 끝맺었다. 방금 막 정리된 과제를 해결하기 위해서 헤겔이 사용하는 방법은, 두 가지 불완전한 자유 구상들이 자립화될 경우 주체가 자기 자신과 맺는 관계에 야기될 수밖에 없는 병리적인 효과들을 보여 주는 것이다. 그리고 나는 이 맥락에서, 헤겔의 『법철학』에서 이 진단의 방법은 '객관정신' 개념과 밀접히 결합돼

24 헤겔의 고유한 의도를 이런 방식으로 정식화할 경우, 나의 해석과 크리스토프 멩케의 매혹적인 해석의 차이는 굉장히 선명해진다(Christoph Menke, *Tragödie im Sittlichen. Gerechtigkeit und Freiheit nach Hegel*, Frankfurt am Main: Suhrkamp Verlag, 1996). 멩케는 헤겔의 실천철학에서 무엇보다도 도덕적 자율성moralische Autonomie의 자유 모델과 개인적 고유성individuelle Authentizität의 자유 모델 간의 비극적인 긴장을 확인할 수 있다고 생각하는 데 반해, 나는 헤겔이 『법철학』에서 법적·도덕적 자율성의 일면성을 소통적 자유 모델 안에서 지양하는 데 성공한다고 본다. 멩케는 이와 정반대로 『법철학』이 자율성과 고유성의 근원적이고도 본질적인 긴장 관계에 대해 잘못된 해결책을 제시할 뿐이라고 논한다(그의 책 150쪽 이하를 보라). 나의 해석을 지지하는 연구서로는 다음의 것을 참조하라. Richard D. Winfield, "Freedom as Interaction: Hegel's Resolution to the Dilemma of Liberal Theory", *Hegel's Philosophy of Action*, Hrsg., L. S. Stepelevich & David Lamb, Atlantic Highlands, NJ: Humanities Press, 1983, pp. 173~190.

있다는 사실을 우선 대략적으로만 살펴봤었다. 나는 앞 장의 말미에서, 이 결합이 필연적이며 그 이유는 다음과 같다고 주장했었다. 잘못된 자기 이해가 사회적 현실 안에 야기하는 부정적 결과들에 대해서 체계적으로 말할 수 있으려면, 헤겔은 우리의 사회적 실천의 기저에 어떤 합리적인 구조——즉 그 잘못된 해석에 대해 결코 무관심하게 반응하지는 않는 그런 합리적인 구조——가 깔려 있다고 상정해야만 한다. 그래야만 잘못된 혹은 일면적인 자기 이해는 사회적 현실의 합리성을 위반하기 때문에 실천적으로 큰 영향을 미치는 결과들——틀림없이 '비규정성의 고통' 안에 비쳐 나타나는 결과들——을 유발한다는 주장이 성립될 수 있기 때문이다. 이로써 암시된 테제는 다음과 같다. 헤겔은 법적 권리 중심으로 규정된 자유와 도덕적으로 규정된 자유가 자립화될 때 우리의 사회적 생활 세계 안에서 나타나는 부정적인 효과들을 진단함으로써, 이 두 자유가 포괄적인 근대적 정의 구상 안에서 정확히 어떤 자리 값을 가져야 할지 보여 준다. 이 테제를 입증하는 것이 지금 여기서 내가 본질적으로 다루려는 바이다. 헤겔이 정의론과 시대 진단을 이처럼 대담하고도 독특하게 결합할 수 있었던 것은 그의 '객관정신' 개념 덕분이다. 형이상학적 전제들을 떼어내 버려도 여전히 그 핵심 아이디어——사회직 현실 안에는 합리적인 근거들이 스며들어 있으며 이 합리적인 근거들을 위반할 경우 우리는 자기 관계에서 분명히 모종의 영향을 입게 된다——를 간직하는 '객관정신' 개념 말이다. 『법철학』을 간접적으로 재활성화하기 위해서, 나는 먼저 헤겔이 자신의 정의 구상에서 추상적 권리/법과 도덕성에 부여하는 긍정적 기능을 확인해야 한다. 그런 다음에야 비로소, 헤겔이 소통적 자유 이론 안에서 저 두 자유 표상들의 정확한 자리를 배치할 수 있도록 도와주는 시대 진단을 인륜성 개념의 틀 안에서 묘사할 수 있을 것이다.

지금까지의 재구성 과정을 통해 밝혀진 바는, 헤겔이 자기 저작의 첫 두 장인 「추상적 권리/법」과 「도덕성」 장에서 다음의 두 가지 과제를 동시에 해결해야 한다는 점이다. 그는 개인적 자기 실현의 견지에서 이 두 자유 표상들의 긍정적 기능 혹은 윤리적 의미와 필연적 한계를 제시함으로써, 우리가 근대적 정의 질서의 전체 지평 안에서 그것들의 자리를 확정할 수 있도록 해 주어야 한다. 그간의 논의를 통해 분명해진 대로, 헤겔은 이 두 자유 구상들이 개인적 자기실현 과정에서 대체 불가능한 역할을 행하기 때문에 가치가 있다고 본다. 그리고 헤겔이 보기에 이 두 자유 구상들은——그것들 각각이 단독으로든 아니면 그 두 구상이 결합해서든——개인들의 자유로운 자기 실현을 위한 요구 수준이 높은 조건들을 보장하기에는 충분치가 않기 때문에 한계가 있다. 헤겔이 첫 두 장에서 해결하려는 것이 이 두 과제 [즉 법적·도덕적 자유의 의미와 한계를 해명하는 것]이므로, 여기서의 논의를 법적 권리와 도덕에 관한 윤리 이론이라고 말할 수 있을 것이다. 즉, 이 두 장에서 설명되어야 할 것은 개인의 자유 실현이라는 목적에 비추어 본 주관적 권리/법과 도덕적 자율성의 가치이다.[25] 헤겔은 이 두 장에서 눈에 띌 만큼 분

---

25 주관적 권리에 대한 윤리적 정당화라는 생각에 대해서는 다음 책을 참고하라. Joseph Raz, "Rights and Individual Well Being", *Ethics in the Public Domain*, Oxford: Oxford University Press, 1994, pp. 44~49.

명하게 행위이론적으로 논의한다. (바로 이 사실 때문에, 헤겔의 이 두 장은 지속적인 몰이해와 혼동에 부닥쳐 왔다.) 즉 헤겔의 관심은, 자유가 주관적 권리/법으로 혹은 도덕적 자율성으로 파악될 때 나타나는 주체들의 태도보다는, 오히려 그런 경우에 이론적으로 산출되는 행위 유형들에 있다. 때문에 헤겔의 논의 안에서는, 각 단계의 자유구상들에 대칭되는 행위 모델들이 차례로 등장하며, [뒤에 나오는 행위 모델일수록 앞의 것보다] 이론적 복잡성과 사회적 적합성의 강도가 커진다.[26] 헤겔이 『법철학』에서 추구하는 서술적 정당화의 목적을 떠올려 보면, 이 행위이론적 논의방식이 그의 전체 의도와 어떻게 결합되는지 쉽게 유추할 수 있다. 마지막에 가서 '인륜성' 개념으로 소통적 영역들이 총괄적으로 요약되어야 한다면, 그리고 이 소통적 영역들이 특정한 상호주관적 행위 형식들을 특징으로 한다면, 처음부터 행위이론적 개념들을 사용해 분석해 나가는 것이 좋다. 그렇게 하면 상이한 여러 개별 영역들을 동일한 용어법에 따라 윤리적으로 비교할 수 있는 가능성이 처음부터 끝까지 확실하게 보장되기 때문이다. 그 밖에도 이 논의 방식은 헤겔에게

---

26 『법철학』의 이런 행위이론적 특징은 내가 보기에, 행위이론을 점차 풍부하게 만드는 가운데 근대 사회에 대한 이론의 범주적 틀을 발전시키려는 데 목적이 있다. 『법철학』의 이런 행위이론적 특징은 최근의 연구서에서 점점 더 주목을 받고 있다. Charles Taylor, "Hegel and the Philosophy of Action", *Hegel's Philosophy of Action*, Hrsg., L. S. Stepelevich & David Lamb, Atlantic Highlands, NJ: Humanities Press, 1983, pp. 1~18; Guy Planty-Bonjour, "Hegel's Concept of Action as Unity of Poiesis and Praxis", ebd., pp. 19~30; 그리고 무엇보다도 다음 책을 보라. Michael Quante, *Hegels Begriff der Handlung*, Stuttgart & Bad Cannstatt: Frommann-Holzboog Verlag 1993.

또 하나의 추가적인 이점을 보장해 준다. (이 이점 안에 『법철학』의 또 하나의 핵심 논점이 담겨 있는 것은 분명한 사실이지만, 여기서는 그 문제를 간략하게만 언급하는 데 그치려고 한다.) 즉, 각 개별적인 자유 구상들을 행위이론적인 개념들로 재구성하기 때문에 이 책의 계단식 논증은 일종의 사회 존재론적 기획으로도 읽힐 수 있게 된다. 처음의 미-발달된 초보적 행위 개념에——보다 복잡해진 자유 모델들이 등장함에 따라 대칭적으로——각각의 요소들이 첨가된다. 그럼으로써 그 개념은 결국 사회 현실의 복잡성을 묘사할 수 있는 지점까지 차츰 접근해 간다.

물론 다른 한편으로는, 헤겔의 행위이론적인 논의 방식이 그의 논점을 한층 더 이해하기 어렵게 만드는 것도 사실이다. 행위 모델상의 대칭물을 찾아 나가면서 헤겔은 두 가지 불완전한 자유 구상들 가운데 하나가 개인적 자기실현의 전체로 여겨지면 어떤 실천적 결과들이 초래되는지의 문제에만 집중한다. 따라서 '추상적 권리/법'과 '도덕성'의 특징을 서술할 때 헤겔에게는, 이 둘을 인륜성의 소통적 영역에 대해 가치 있는 것들로 나타나게 해 주는 적절성의 측면들이 드물지 않게 시야 바깥으로 사라진다. 이 특수한 적절성을 설명하려면, 이 두 자유표상 가운데 하나에 따라서만 우리 자신을 이해할 때 초래되는 행위가 아니라, 그 두 자유표상들이 각기 어떤 '규범적 태도지향'과 결합돼 있는지에 주목해야 한다. 그러나 이 문제는 '도덕성' 장의 맥락에서 비로소 중요해진다. 반면에 '추상적 권리/법'에 관한 세부적인 설명들을 이해하는 데 있어서는 이 문제를 제쳐 둘 수 있다. 「추상적 권리/법」 장에서 헤겔은 41절부터 81절에 걸쳐 근대의 자연법과 이성법의 규범적 핵심을 재구성함으로써, 그것들이 개인적 자유 실현을 위해 성취해 낸 바를 자신의 언어로 기술한다. 자신의 의지의 자유를 외부 현실세계 안에서 직접 눈으로 확인할 수 있으려면 모든 주체는 모든 임의의 사물들을 지속적으로 장악할 수 있는 가능성을 가져야 한다(45절). 그런데 이 권한이 확실히 안정되게 주어지려면, 모든 주체들이 이런 요구를 할 수 있는 동등한 권한Anspruch을 서로 인정한다는 조건이 충족되어야 한다. 그런 한에서, 상호적으로 보장된 요구 주장의 영역으로서의 형식적인 권리/법을 정초하는 원칙은 "인격Person이어라, 그리고 타인들을 인격으로서 존중하여라"는 명령이다. 그리고 이때 인격이란 법적인 권리 주장들Rechtsansprüche을 지닌 자로서의 인간을 뜻한다(36절). 그렇다면 이제 어렵지 않게 계약이 형식적 권리/법에서 [인격에 이은] 다음 핵심요소로 연역될 수 있다. 계약을 통해 주체들은 자기의 이해관심사 안에서 상호 합의함으로써 물건과 서비스를 교환할 기회를 얻기 때문이다. 헤겔은 다음의 사실을 설득력 있게 서술한다. 형식적 권리/법은 상호주관적인 제도이지만, 주체들이 최소한의 인격성만을 가지고 연루되는 상호주관적 제도이다. 사적 권리/사법의 원칙들privatrechtliche Grundsätze에서 표현되는 것은 의지의 자유의 부정적 측면——즉, "모든 구체적 제약과 타당성"(35절)을 부정하는 데 있는 개인적 의지의 자유——뿐이다. 왜냐하면 소유권과 계약의 자유가 보장될 때 개인에게는 [채택] 가능한 여러 행위 선택지들을 자각할 기회가 열리는 것이 사실이지만, 그가 [반드시] 이 권리를 행사함으로써 이 여러 가능 행위들 중 하나로 자기를 고정시켜야만 하는 것은 아니기 때문이다. 그러므로 헤겔도 큰 어려움 없이 다음의 결론으로 향한다. 추상적 권리/법은 개인적 자유 중에서, 독립적인 개인들이 전략적으로 상호작용하는 데 필요한 만큼의 자유만을 포괄한다. 여기서 타인의 자유는 자기 이해 관심사를 충족시키기 위해서 나 자신에게 가능한 한 많은 행위 선택지를 열어 두기 위한 수단에 불과하다.[27]

그런데 이렇게 결론 내릴 경우, 추상적 권리/법이 개인적 자기실현을 위해서 [도덕성이나 인륜성의 영역과 구별되어 독자적으로] 가질 수 있는 윤리적 가치란 무엇일까? 그리고 주체가 자신의 자유를 주관적 권리의 원칙에 따라서만 해석할 경우에 초래되는 병리적인 효과란 어떤 성격의 것일까? 첫 번째 물음에 대한 답은 일단 겉으로 포착될 수 있는 것보다는 훨씬 더 어렵다. 추상적 권리/법이 자유에 이바지하는 가치를 지닌다는 것을 입증하기 위해 헤겔은 자신의 텍스트에서 스스로 답을 제시한다. 즉 추상적인 권리/법은 주체가 외부 세계에서 자신의 주관에 따라 활동하면서 스스로를 객관화[하여 표현]할 수 있는 가능성을 보장해 준다는 것이다. 하지만 이것은 [추상적 권리/법의 **독자적인** 가치에 관한] 앞서의 물음에 대한 만족스러운 답이 될 수 없다. 왜냐하면 헤겔이 나중에 「인륜성」 장에 가서 [추상적인 권리/법의 한 형태인] 사

---

27 '추상적 권리/법'에 대한 수많은 연구서들 가운데 내가 특히나 명석한 해석으로 꼽는 것은 다음의 두 가지뿐이다. Michael Quante, "Die Persönlichkeit des Willens als Prinzip des abstrakten Rechts", *Grundlinien der Philosophie des Rechts*(Klassiker Auslegen, Bd. 9), Hrsg., Siep, Berlin: Akademie Verlag, 1997, pp. 73~94; Wood "Hegel's Ethics", *The Cambridge Companion to Hegel*, Hrsg., Frederick C. Beiser, Cambridge: Cambridge University Press, 1994, Teil Ⅱ.

적 권리/사법Privatrecht을 시민사회의 제도적 조직망의 핵심 요소로 분류하게 되는 것 또한, [외부 세계에서 주체의 활동과 객관적인 자기표현을 보장해 준다는] 바로 이 성질에 근거해서이기 때문이다. 그러므로 개인적 자기실현의 관점에서 볼 때 추상적인 권리/법에——인륜성과 무관하게, 또 인륜성에 앞서서——얼마만큼의 독자적인 가치가 부여되어야 하는지를 설명하기 위해서 이 성질을 제시할 수는 없다. 추상적 권리/법이 인륜적 영역에 속하는 구성적 성분이도록 해 주는 이 성질에서가 아니라면, 추상적 권리/법을 윤리적으로 의미 있고 중요하게 만들어 주는 그 밖의 성질은 무엇일까? 먼저 두 번째 물음을 살펴본 다음 그에 대한 잠정적인 답으로부터 첫 번째 물음으로 되돌아오면 좋을 것 같다. 『법철학』 1부에서 헤겔이 추상적인 권리/법의 총체화가 낳는 병리적 효과를 거론하는 곳들은 많지 않다. 이 얼마 안 되는 구절들 중 한 곳, 37절의 각주에서 헤겔은 다음과 같이 말한다. "누군가가 그의 형식적인 [법적] 권리 외의 어떤 것에도 관심을 갖지 않는다면, 이것이야말로 협소한 마음과 심정에 종종 일어나는 순전한 아집일 것이다. 사려 없는 인간은 대개 자신의 [법적] 권리에 집착하는 데 반해, 드넓은 감각을 가진 자는 사태가 그 밖에도 어떠한 여러 측면들을 갖는지 눈여겨보기 때문이다. 추상적인 [법적] 권리는 그러므로 단지 첫 번째 가능성일 뿐이며, 그런 한에서 사태의 전 범위에 비해 형식적인 것에 불과하다. 그러므로 그 [법적] 권리상의 규정이 나에게 권한을 주지만 내가 [그렇게 규정된] 내 권리를 좇는다는 것이 절대적으로 필연적이지는 않다. 나의 이 [법적] 권리는 전체 사태의 단 한 측면에 불과하기 때문이다"(37절).

헤겔은 여기서 권리/법의 자유가 절대화될 때 생기는 문제를 개인의 성격적 특징이라는 수준으로 끌어내려서 묶어 두고 싶어 하는 것 같다. 즉 지나치게 고집스러운 사람은 자신의 주관적 권리만을 완고하게 주장하는 도그마적 태도로 치우치는 데 반해 맥락에 섬세한 인성 Persönlichkeit을 가진 사람은 자신의 권리를 균형 잡힌 방식으로 올바르게 적용할 줄 안다는 식으로 말이다. 이런 식으로 성격론의 맥락에서 이야기되고 있기 때문에 37절의 이 언급은, 헤겔이 이후 「인륜성」 장에 가서 법적 권리에 따른 자유에 집착하는 병리 현상을 강조하고자 회고적으로 정식화하는 통찰과는 거리가 멀다. 그곳에서 헤겔은 자신의 모든 욕구와 의도를 형식적인 권리/법의 범주로 표현하는 사람은 사회적 삶에 참여할 수 없게 되고 따라서 '비규정성' 때문에 고통을 겪을 수밖에 없다고 정식화하기 때문이다.[28] 다른 한편으로 헤겔의 저 언급은 그럼에도 불구하고, 형식적인 권리/법이 개인의 자유 실현을 위해서 어떤 윤리적 가치를 갖는지를 알려주는 것도 사실이다. 법적 권리에 따른 권한을 올바르게 균형 잡힌 방식으로 적용하기 위해서는, 주관적인 권리가 어떤 개인적 기회와 연관되는지에 대한 의식이 전제되어 있어야 하기 때문이다. 즉 개인들은 형식적 권리/법의 부정적 성격이 다음과 같은 큰 장점도 동시에 함축한다는 사실을 배워야 한다. 즉, 나 자신의 열

---

28 내가 보기에 이런 통찰은, 결혼을 계약 모델에 따라 설명하는 칸트를 비판하는 대목(75절, 163절)에서 특히나 분명히 드러나는 것 같다. 여기서 칸트에 대한 헤겔의 이의 제기의 핵심은 결혼 혹은 가족관계를 마치 한갓 형식적 권리/법관계인 양 일면적으로 여기면, 서로를 배려하고 돌보는 소통적인 실천에 참여할 수 없는 무능으로 이어지고 만다는 테제로 수렴된다.

려 있음과 미-규정된 가능성eigene Unbestimmtheit und Offenheit을 주장하기 위해서 모든 구체적 결속들과 사회적 역할들 뒤로 물러날 수 있다는 장점 말이다. 그런 한에서 헤겔에게는, 역설적으로 표현하자면, [법적] 권리를 소지한 자라는 의식, 이 의식 자체에 형식적 권리의 가치가 있다. ['법적 권리를 소지한 자'라는] 이 의식과 함께 개인들에게는, 인륜성 영역 안에서 모든 인륜성 뒤로 물러날 수 있다는 [가능성이 인정되며, 이] 인정된 가능성의 여지를 자기 자신을 위해 남겨둘 기회가 제공된다. 이렇게 해서 헤겔이 자신의 정의론적 기획 안에서 추상적 권리/법의 기능과 한계를 어떻게 규정하는지가 대략 확인되었다. [첫째,] 추상적 권리/법의 기능은 인륜성 안에서도 정당한 개별화Vereinzelung의 의식을 유지하도록 해 주는 데에 있다. 반면에 [둘째,] 모든 사회관계들이 법적인 권리 주장의 범주들로 환원되자마자, 추상적 권리/법의 한계가 여실히 드러나게 된다.[29]

'추상적 권리/법'에 대한 장이 이 두 가지 근본 법칙으로 요약될 수 있다는 점은 상당히 자명한 데 반해, 이어지는 '도덕성'에 관한 장의 경우는 사정이 전혀 다르다. 여기서 헤겔은, 도덕적 자율성 이념이 우리의 사회적 삶의 실천에 행하는 역할을 포괄적으로 분석하기 위해서, 이론적 고려 사항들을 시대 진단적 관찰 및 역사적인 유래와 결합시키면서

---

29 제러미 왈드론은 주관적 권리가 정서적 관계의 맥락에서 어떤 위상을 갖는지 윤곽을 그린 바 있으며, 그의 입장은 위 결론과도 상통한다. Jeremy Waldron, "When Justice replaces Affection: The Need for Rights", *Liberal Rights: Collected Papers 1981-1991*, Cambridge: Cambridge University Press 1993, pp. 370~391.

가능한 한 멀리까지 가 보려고 한다. [『정신현상학』의] 주인과 노예의 변증법에 관한 절을 제외한다면 헤겔의 글 중에서 이 「도덕성」 장보다 더 큰 주목을 끈 것은 없을 것이다. 또 이보다 더 배척받고 가혹한 비판에 휘말린 것도 없을 것이다. 헤겔이 이 장에서 추구한 가장 중요한 목적은 [첫째], 도덕적 자율성 이념의 윤리적 가치와 한계를 확인하는 것이다. [둘째,] 헤겔은 이 장에서 칸트의 도덕적 개인주의 그것 자체가 낭만주의적 개인주의를 촉발시킨 자극원이라는 시대 진단적 테제 또한 내놓는다. 그 때문에 '도덕성'이라는 표제어 아래에는 낭만주의적 개인주의에 대한 서술도 함께 담긴다. 더 나아가서 [셋째,] 이 장에서는 [자신의] 포괄적인 자유 구상에 대칭되게끔 사회적 관계들의 복잡성에 걸맞은 행위이론을 발전시키는 논증도 함께 진행된다. [넷째,] 마지막으로 헤겔은 이 하나의 장 안에서 자유의지의 실현을 위한 조건은 인륜성의 소통적 영역 안에서만 비로소 완전하게 발견될 수 있음을 보여 주는 근거까지 제시하려고 한다. 나는 이 중에서 첫 번째와 마지막 목적에만 한정해 [헤겔의 생각을] 간략하게 재구성할 것이다. 이 논의를 통해서 우리는 헤겔에게 이 두 목적이 어찌되었든 체계적으로 서로 연결되어 있음을 확인하게 될 것이다. 헤겔은, 자기 자신을 도덕적으로만 이해하는 주체가 자유 실현에서 부닥치는 한계를 지적하면, 그로써 동시에 인륜성 영역으로 이행해야 할 필요성을 우리에게 납득시켜 줄 이유를 제시한 것이라고 보기 때문이다.

헤겔이 '도덕적 관점'이라고 부르는 것 속으로 진입하기 위한 가장 좋은 방법은, 그것을 법적 권리의 자유 모델과 비교해 보는 것이다. 우리가 앞서 확인했듯이, 법적/권리의 자유 표상을 따를 경우 개인적 자유의 조건은 나 자신의 이해 관심사를 실현하기 위해서 그때마다 법적 질서의 틀 안에서 금지되지 않은 것을 행할 수 있는 권한으로 축약된다. 달리 말해, 나 자신의 고유한 자유의 실현을 위해서는 각 개인들에게 다양한 행위 선택지를 보장해 주는 주관적 권리들의 다발, 그 이상이 필요치 않다. 헤겔이 이 모델에 대해 제기한 이의는, 그로 인해서 타인의 자유를 내 자유의 단순한 수단으로 사용할 수 있는 개념적 여지가 마련됐다는 것만은 아니었다. 헤겔의 핵심적인 이의제기는, 그 표상은 '각자가 그때마다 무엇을 자유로운 행위의 목적으로 간주하는지'를 개인의 자유 개념과 전적으로 무관한 사안처럼 취급한다는 것이다. 헤겔은 [추상적 권리/법의] 이 본질적인 결함을, 자신의 텍스트 두 번째 장에서 도덕적 관점으로 주의를 돌리는 결정적 이유로 제시한다. 왜냐하면 여기 도덕적 자율성의 이념에서는, 이성적 자기규정의 산물인 것만이 자유로운 행위로 간주됨으로써, [추상적 권리/법과는] 정확히 다른 쪽에 있는 개인의 자유가 전개되기 때문이다.

헤겔이 분명히 하듯이, 이 도덕적 자율성 이념과 함께 비로소——개인적 자유 가운데——주체의 자기관계와 연관되는 차원이 맨 처음 시야에 들어온다. 그러므로 '도덕성' 장을 시작하자마자 헤겔은 106절 주석에서 다음과 같이 말한다. "엄격한 [추상적] 권리/법에서는 '나의 기본 원칙 혹은 나의 의도가 무엇인가' 하는 물음이 중요하지 않았다. 자기 규정과 의지의 동기에 대한 물음——가령 행위계획Vorsatz에 대한 물음——은 이제 여기 도덕적인 것 안에서 나타난다." 이로써 헤겔이 말하려는 바는 다음과 같다. 도덕성 영역은 우리로 하여금 내면을 향해 시선을 돌리게 하여, 자유를 [법적/권리의 자유에서처럼 단지 각 개인에게 주어지고 보장되는 것으로뿐만 아니라] 또한, 개인이 자기 자신과 맺는 특수한 형태의 관계로도 파악해야 한다는 사실을 알게 해 준다. 즉 자신이 어떻게 행위해야 할지를 주체 자신이 정말로 반성적으로 검토하는 경우에만 우리는 사실상 개인적 자유에 대해 말할 수 있다는 것이다. 이로써 본질적으로, 헤겔이 개인적 자기실현 과정 전체에 대한 도덕적 자율성의 가치를 어디에서 찾는지도 대략 제시된 것이다. 이 영역에서는 각 주체가 자신의 상호작용 및 활동을 자유의 표현으로 여기고 싶다면 스스로에게 취할 수 있어야 하는 반성적 검토의 태도가 고수된다. 그런 한에서, 조금 더 넓은 의미로 이해하자면, 개인적 자기실현의 조건에는 이제 다음의 권리가 포함된다. 합리적 근거에 따른 검토를 통해, 해당 사회적 실천에 동의 [혹은 비-동의]할 수 있는 권리. 이로부터 헤겔에게는 당연히 다음의 귀결이 도출된다. 그가 앞으로 전개할 자신의 생각들은 원칙적으로, 근대 사회의 모든 성원들의 합리적 동의를 얻을 수 있다는 가정하에서 서술되어야 한다. 하지만 다른 한편으로 이는 '객관정신'이라는 그의 개념 안에 처음부터 포함돼 있던 전제가 분명해진 것뿐이기도 하다.

헤겔이 도덕적 영역에 가치와 실존적 권리를 부여하는 이유가 이런 몇 마디 말로 간단히 제시되었다면, 개인적 자유의 실제로 완전한 조건들에 관해서는 아직 아무것도 이야기된 바가 없다. 도덕적 관점의 한계를 분명히 하기 위해서 헤겔이 그 유명한 칸트 비판을 통해서 대답하려는 물음이 바로 이것이다.[30] 우리의 저자는 의도에 따른 행위 intentionales Handeln라는 개념을 범주적으로 점점 확장해 나간 끝에 [행위의] 동인Beweggrund으로서의 정언명령이 나타나는 지점에 다다르는 방식으로 자신의 주제에 다가간다. [정언명령이 행위의 동인으로 나타나는] 이 단계에서 어떤 행위는 보편화 가능성 원칙이 적용된 산물인 한에서만 자유로운 것으로 간주된다. 내가 보기에, 이런 개인적 자유 이해에 대한 헤겔의 반대 의견이 요약돼 있는 여러 정식들 중에서 실제로 생각해 볼 가치가 있는 올바른 논점을 제시하는 것은 하나뿐이다. 맥락에의 무지라는 정식이 그것이다. 그러나 이 논증이 [도덕성에서 인륜성으로 시선을 이동시키는] 전환적 위상transitorischen Stellenwert을 갖는다는 사실을 적절히 이해하려면, 이 '맥락에의 무지' 정식에 [어떤 보충 설명을 덧붙이면서] 특정하게 변환해 줘야 한다. 헤겔은 잘 알려진 바

---

30 무수히 많은 2차 문헌들 중 나의 해석에 큰 도움을 주었던 것들만 언급해 보자면 다음과 같다. Allen W. Wood, "The Emptiness of the Moral Will", *The Monist* 72(1989), Nr. 3, pp. 454~483; Sally S. Sedgewick, "Hegel's Critique of the Subjective Idealism of Kant's Ethics", *Journal of the History of Philosophy* 26(1988), Nr. 1, pp. 89~105; Andreas Wildt, Autonomie und Anerkennung, Stuttgart: Klett-Cotta Verlag, 1982, Kap. I. 나는 칸트 인식론의 심리주의적 잔재에 대한 헤겔의 비판과 칸트의 도덕에 대한 헤겔의 비판 사이의 대칭성을 파악하는 것이 중요하다고 생각한다. 내가 보기에 헤겔이 논하려는 바는, 칸트가 인식론과 도덕 이론이라는 두 영역에서 '주체와 객체 혹은 의무와 경향성은 실천적으로 산출되어 있는 매개체들 — 즉 우리의 인지적 세계 연관 혹은 우리의 도덕적인 사회 연관의 합리적 맥락들로 이해될 수 있을 매개체들 — 안에서 이미 서로 종합돼 있다'는 사실을 도외시한다는 것이다. 이런 방향을 암시하는 논의로는 다음 책을 참고하라. Jürgen Habermas, "Wege der Detranszendentalisierung. Von Kant zu Hegel und zurück", *Wahrheit und Rechtfertigung. Philosophische Aufsätze*, Frankfurt am Main: Suhrkamp Verlag, 1999, pp. 186~229[『진리와 정당화』, 윤형식 옮김, 나남, 2008].

대로 도덕적 자율성의 이념에 반대한다. 이 이념에 의탁할 경우 실제로 한 주체가 어떻게 해서 이성적 행위에까지 이르게 되는지를 재구성할 수 없다는 것이다. 왜냐하면 [도덕적 자율성 이념의 핵심을 이루는] 정언명령을 적용할 경우, 주체는 아무 방향 감각 없이 "텅 비어 있기" 때문이다. 각 경우마다 무엇이 "좋은" 근거로 통용될 수 있는지에 관한 정보를 주는 것은 환경세계 안에 제도화돼 있는 각종 실천들인데, 이 주체는 그러한 실천들에서 규범적 규준들 gewisse normative Vorgaben을 끌어내지 않으니까 말이다. [그런데] 헤겔은 이 고찰로부터, '정언명령은 해당 사회적 맥락에 따라 전혀 다른 행위들을 허락하게 된다'는 결론을 끌어낼 수 있다고 생각한다. 이로써 헤겔은 자신의 이의 제기를 지나치게 [멀리까지 끌고 나가며 과도한] 증명부담을 진다. 그리고 헤겔은, 칸트가 도덕적 갈등이 존재하는 상황에서만——즉 실천적 난제 praktische Herausforderungen의 상황에서만——자신의 도덕원칙의 적용을 필수적인 것으로 여겼다는 사실 또한 충분히 고려하지 않는 것 같다. 그러나 대체 무엇을 도덕적 갈등, 즉 실천적 난제로 간주해야 한다는 것인가? 이 물음은 벌써 헤겔이 칸트 비판에서 말하려는 논지를 간접적으로 보여준다. 즉, 우리가 이미 도덕적 관점들이 제도화돼 있는 사회세계 안에서 움직이고 있다는 사실을 도외시한다면, 정언명령의 적용이 불가능하거나 공허해지며, 반대로 사회세계가 우리에게 이미 도덕적 숙고의 관점들을 제시해 준다는 사실을 받아들이면, 정언명령이 그 정초의 기능을 상실하게 된다는 것 말이다.

그러나 '맥락 망각'을 비판하는 여기까지의 헤겔의 논증 안에는 아직, 그를 도덕 상대주의[자]라는 비난으로부터 보호해 줄 수 있는 논거가 없다. 물론 헤겔은 이 공백을 채운다. '이미 제도화되어 있는 실천들의 규범적 규준들은 이성적이고 합리적인 사실들일 수밖에 없다'는 보충설명을 가미함으로써 말이다. 헤겔적 논증의 두 번째 성분[을 이루는 바로 이 보충설명]이, 앞으로 등장할 『법철학』의 결론 장을 가리키면서 [논의를 이행시키는] 전환적 성격을 갖고 있다고 하겠다. 왜냐하면——헤겔의 제안에 따르면——이 '제도화된 삶의 실천들 속에 녹아 있는 규범적 규준들, 즉 이미 이성적인 것으로 입증된 규범적 규준들'을 가리키는 개념이 정확히 "인륜성"이기 때문이다. 그러나 칸트의 도덕적 자율성 이념에 대한 헤겔의 반박 논증의 이 두 성분, 즉 헤겔이 항상 한 호흡으로 묶는 이 두 성분을 구분하는 것이 중요하다. 정언명령을 [그때그때의 현실적인] 규범과 상관 없이 적용하는 것이 과연 가능한지를 의문에 부치면서 맥락 망각을 비난할 때는 좁은 의미의 도덕 이론적 논증이 진행되는 것이다. 반면에 사회 현실을 이성의 구현체로 보자는 제안은 근본적으로 인식론적인 혹은——더 적절히 표현하자면——사회 존재론적인 논증에 해당한다. 이로부터 우리는 인륜성 영역의 성격을 규정하는 논의로 넘어갈 수 있다. 그러나 그 전에 먼저, 헤겔이 도덕적 자율성 비판과 사회 병리 현상에 대한 진단을 어떻게 결합시키는지가 간략히 설명되어야 한다.

앞서 보았듯, 헤겔은 도덕적 관점을 받아들이는 것이 어떤 경우든 항상 틀린 결정이라고 생각하는 것이 아니다. 오히려 헤겔은, 제도화된 실천들이 정말 합리적인지를 의문시 해봐야 할 충분히 합당한 근거들이 있는 경우라면 오직 자신의 양심에 따라서만 숙고하는 태도를 권할 만하다고 인정한다. 그런 한에서 헤겔은, 한 주체가——자기가 속한 사회적 환경세계의 규범적 규준들이 더 이상 (보편화될 수 있다는 의미에서) 합리적이라는 확증을 주지 않기 때문에——자신의 "인륜적" 실천들을 중단하는 경우를 염두에 두어야 한다. 이런 경우가 바로 위기의 순간이며, 이때 나의 자유 실현의 유일한 형식은 모든 실존하는 규범에 거리를 두는 것, 그리고 그 규범들이 현재 사회적으로 통용되고 있다는 사실을 괄호치는 것이다. "현실과 관습 안에서 옳은 것·좋은 것으로 여겨지는 것이 보다 좋은 의지를 만족시키지 못하는 시대에는, 무엇이 옳고 좋은지를 자기 자신으로부터 알고 규정하기 위해서 자기 안의 내면으로 향하는 방향이……나타난다"(138절). 하지만 헤겔은——자신이 근대 사회들에서 대체로 유지된다고 보는——사회적 정상상태의 경우에 관련해서는, 제도화된 실천들과 규범들이 조금의 이성도 구현하지 못한다는 이 특별한 전제를 허용하지 않는다. 이런 정상상태의 경우에는 정반대로 우리의 심성, 전통들, 규범들, 가치들 안에는 벌써——이것들을 도덕적 규준을 내포한 사회적 맥락으로 간주해도 좋을 정도로——충분한 합리성이 녹아 있다는 사실에서 출발해야 한다.[31]

31 따라서 헤겔의 '인륜성'이라는 규범적 이념은 최근 존 맥도웰이 발전시킨 '제2의 자연'이라는 의미로 해석될 수 있다. 우리의 합리적인 삶의 실천들을 총괄하는 '인륜성'은 우리의 입장과 전통 들, 즉 우리의 지각 안에서 제2의 자연이 형성되도록 해 준 도야 과정의 산물이며, 이런 제2의 자연이 곧 이성을 '구현'한다. John McDowell, *Mind and World*, Cambridge: Cambridge University Press 1996, Kap. 6; "Two Sorts of Naturalism", *Mind, Value & Reality*, Cambridge: Cambridge Univ. Press 1998,

그런 한에서 헤겔이 보기에 이런 [정상상태의] 조건하에서 도덕적 관점을 받아들이는 것은 [현실성의] 토대가 없는 자기 확신 속에서 스스로를 상실하는 경향과 결부되며, 미리 받아들여진 규범이나 책무들이 없기 때문에 이런 토대 없는 자기 상실로부터 빠져나올 길 또한 없다. 도덕적 반성은 [본래부터] 어느 정도 공허하다. 왜냐하면 보편화 가능성의 법칙은 일련의 규범적 규준들이 합리적으로 통용되고 있다는 믿음에 힘입어 비로소 적용될 수 있다는 사실이 [도덕적 반성에서는] 통찰될 수 없기 때문이다. 그리고 도덕적 관점이 채택되는 데 [그치지 않고 더 나아가], 도덕적 관점이 [구체적 환경세계의 맥락에서 완전히 분리되어] 자립화할 경우, 모든 실천적인 행위계획들이 말소되어 결국 아무 행위도 일어나지 않게 되는 사회적 병리 상태로 가는 문턱을 넘게 된다. 헤겔은 [도덕적 관점이 그 타당한 적용 범위를 넘어 절대적인 것처럼 확장되는] 이런 형태의 경계 위반을 나타내는 '비규정성의 고통'이 자기 당대의 결정적인 특징이라고 보면서 다음의 두 가지 문화현상들 또한 거기로 환원시킨다. 낭만주의적 개인주의는 내 고유한 본성의 목소리를 다시 깨달음으로써, 도덕적 관점의 자립화 때문에 초래된 내적 공허함과 행위의 빈곤을 보충하고자 했다. 하지만 내적 기분과 감정 상태를 [개발하려는 이 노력도] 무한한 자기 성찰Selbstbesinnung의 과정 속으로 점

pp. 167~197. 맥도웰과 헤겔의 근친성에 대해서는 다음을 참고하라. Sally Sedwick, "McDowell's Hegelianism", *European Journal of Philosophy* 5(1997), Nr. 1, pp. 21~38. 헤겔 스스로도 자신의 『법철학』151절에서 "인륜성"을 "제2의 자연"이라고 말하고 있다.

점 더 깊이 들어가야 하기 때문에, 결국은 비판기 이전의 종교가 가졌던 전통적인 신앙의 힘에 의지하려는 [모습을 보이게] 된다. "그러므로 객관성에 대한 갈망이 일어날 수 있다. 공허함과 부정성의 고통에서 벗어날 수만 있다면 차라리 노예가 되어 완전한 종속성에 굴종하겠다는 갈망 말이다. 최근 많은 프로테스탄트주의자들이 가톨릭 교회로 넘어갔다면, 이는 그들이 자기 내면의 내용 없는 텅 빔gehaltlos을 보았기 때문이며, 그래서 어떤 확고한 것, 기대고 붙들 것, 어떤 권위를 갈구했기 때문이다. 설령 그들이 [이 가톨릭 교회로의 이적을 통해] 얻은 것이 사유의 확고함은 아니었을지라도 말이다"(141절 보론).[32]

4. 고통으로부터의 "해방" : "인륜성"의 치료적 의미

도덕성의 자립화가 앞서 살펴본 저런 [병리적] 결과들을 가져오기 때문에 헤겔은 이제 다음의 놀라운 정식화에 이르게 된다. 인륜성으로의 이행은 개별 주체에게 "해방"으로 경험되어야 한다. '해방'이라는 표현은 이 말이 맨 처음 등장하는 단락인 149절의 맥락에서는 우선, 도덕적 자기 성찰이 아무런 [현실적] 결과들을 가져다주지 못했기 때문에 야기된 저 상태, 즉 우리를 제한하며 괴롭히는 저 상태를 극복한다는 의

---

32 운디네 에벌라인은 그녀의 박사논문에서 "낭만주의적 개인주의"에 대한 헤겔의 진단을 설득력 있게 재구성하고 있다. Undine Eberlein, *Das romantische Individualitätskonzept der Moderne* (Berlin 자유대학에서 1998년 제출된 박사논문, 특히 53쪽 이하를 보라).

미만을 가진다. 우리는 사회적 관계들 속에서 살아가며, 이 사회적 관계들의 고유한 규범성 속에는 벌써 의무들과 권리들 ——즉, 간단히 말해 도덕적 규칙들——이 담겨 있다. 이 사실을 깨닫자마자 우리는 도덕적 관점의 자립화가 빚어낸 끔찍한 공허함에서 해방된다. 따라서 이곳 149절에서 헤겔은 ——감격과 격정이 담겨 있지 않다고는 할 수 없을 [어조로] ——다음과 같이 말한다. "하지만 개인은 [인륜적인] 의무 안에서 [구속되기는커녕] 오히려 해방된다. 한편으로는 단순한 자연 충동에 얽매어 있는 종속으로부터, 그리고 해야 할 것Sollen과 하고 싶은 것Mögen에 대한 도덕적 반성 안에서 주관적 특수성 때문에 겪는 억눌림Gedrücktheit으로부터, 또 다른 한편으로는 행위함의 현존·행위함의 객관적 규정으로 나가지 못하고 자기 안에 비현실성Unwirklichkeit으로서 갇혀 있는 규정되지 않은 주관성으로부터 해방된다"(149절). 그런데 헤겔은 인륜성으로 이행하는 길목에서 여러 차례 등장하는 이 '해방' 개념을 비단, 우리를 억누르는 부정적 상황의 부담에서 벗어난다는 의미로만 사용하고 있지 않다. '해방' 개념은 한갓된 주관적 측면을 [가리키는 데 그치지 않고], 다음의 주장과도 결합되어야 한다. [우리를 짓누르는 부자유 상태에서] 벗어남의 결과 자체가 실질적인 자유의 상태이다. 그러므로 헤겔은 [앞서 인용된 문장에] 뒤이어 다음과 같이 말한다. "개인은 [인륜적으로 이미 주어져 있는] 의무 안에서 실질적인 자유를 향해 해방된다"(149절).[33]

33 '인륜적으로' 미리 주어진 의무를 받아들이는 것이 '해방'이라는 헤겔의 생각을 더 자

이렇게 '해방'이라는 표현은 부정적으로는 자유를 제한하는 두 가지 기껏해야 일면적인 관점들의 부담에서 벗어남을, 그리고 긍정적으로는 인륜성의 실질적인 자유에로 향함을 의미한다. 이처럼 중첩된 의미를 갖는 '해방'이라는 표현에서 처음으로, 헤겔이 인륜성 이론에 부여하려는 치료적 기능이 전체적으로 인식된다.[34] 『법철학』에서 헤겔이 근대의 자유이해에 관해 [논의하는] 절차Verfahren는, 그 절차에 따라 논의하기 위해—— 비트겐슈타인 이래로—— 철학에서도 "치료" 개념이 사용되었다고 할 수 있는 바의 것으로서, [다음과 같이] 전개된다. 사회적 생활세계 내의 어떤 특정한 '고통'을 확인하는 데에서 출발해, 일단 이 고통이 철학적 혼란이 낳은 틀린 관점의 산물이라는 '진단'이 내려진 다음, 삶의 실천의 이성적 내용들에 대한 친숙한 앎Vertrautsein을 되찾는 관점 전환이 '치료적' 제안으로 제시된다.[35] 헤겔의 의도를 더

세하게 분석하는 연구들로는 다음을 참조하라. Adriaan Th. Peperzak, "Hegels Pflichten- und Tugendlehre", *Grundlinien der Philosophie des Rechts*(Klassiker Auslegen, Bd. 9), Hrsg., Ludwig Siep, Berlin: Akademie Verlag, 1997, pp. 167~191. 내 생각에 도덕적 관점에서 인륜적 영역으로의 이행을 단순히, 반성의 무리한 요구에서 해방된다는 의미의 '부담 벗기'Entlastung로만 이해해 버리면 헤겔의 '인륜성' 개념의 핵심을 놓치는 것이다. 그런데 하버마스는 헤겔을 재구성할 때 그런 방향으로 기울고 있다. Jürgen Habermas, "Wege der Detranszendentalisierung. Von Kant zu Hegel und zurück", *Wahrheit und Rechtfertigung: Philosophische Aufsätze*, Frankfurt am Main: Suhrkamp 1999, pp. 38 이하.

34 헤겔의 인륜성 이론의 치료적 기능에 관련해 안드레이 데네이키네Andrei Denejkine 가 해 준 조언에 감사드린다.

35 비트겐슈타인 후기 철학의 치료적인 특성에 관해서는 P.M.S. Hacker, *Wittgenstein im Kontext der analytischen Philosophie*, Frankfurt am Main: Suhrkamp 1997, Kap. 5.3.

잘 이해하기 위해서, [지금까지 분석된 바를] 되돌아보면서 헤겔의 논증에 [연결해] 다시 한 번 이 절차의 각 개별 단계들을 분명히 해 보면 좋을 것이다. 치료적 [관점에서 접근하는] 철학 이해의 도식을 토대에 놓으면, 『법철학』의 사실적 출발점은 그저 대안적 정의 이론을 구상하려는 의도가 아니라, 우선은 당대 생활 세계의 결함 혹은 '고통'을 지각하는 데에 있다. 앞서 확인되었듯이, 『법철학』의 첫 두 부분에서는 이런 철학 이전의vorphilosophisch 고통에 관한 유사 심리학적 표현들이 무수히 많이 발견된다. 그리고 이 표현들은 모두 냉담함Apathie 혹은 불만족Unausgefülltsein의 상태들을 가리키는 것들이다. 그런데 철학적으로 결정적인 단계는, 이런 상이한 사회적 고통의 현상들이 '개념적' 혼란들에서 비롯된 것으로 진단되는 단계, 즉 '개념적' 혼란들이 병의 원인으로 진단되는 단계이다. 바로 여기, 즉 치료적 논증 절차상의 이 두 번째 국면에 위치하는 것이 "우리를 포박한 상相"이라는 비트겐슈타인의 유명한 정식화이다.[36]

그런데 헤겔이 자신의 『법철학』의 핵심주제 쪽으로 건너가는 다리를 놓는 곳 또한 여기다. 헤겔에게 "우리를 포박한 상相", 즉 자기 당대의 고통을 유발한 관념적 혼란이란, 그가 이미 서론에서 그것들의 불충분성을 비판하기 시작한 두 가지 위력적인 자유표상, 즉 '추상적 권리/

---

[36] Ludwig Wittgenstein, *Philosophische Untersuchungen*, Frankfurt am Main: Suhrkamp Verlag, 1967, p. 67(115절)[『철학적 탐구』, 이영철 옮김, 책세상, 2006]. 비트겐슈타인이 책에서 한 말을 문자 그대로 옮기자면 다음과 같다. "어떤 상相이 우리를 포박했다."

법'과 '도덕성'에 따라 자유를 이해하는 표상을 가리키기 때문이다. 물론 이때 '불충분성'이라는 말은 단지 인지적 오류라는 의미로만 이해되어서는 안 된다. 그렇게 되면 관념적 혼란이 단순히 틀린 주장 이상을 의미한다는 것이 시야에서 사라지기 때문이다. 우리를 '포박'할 수 있으려면, 즉 사회적 고통 상태들을 유발할 수 있으려면, 그 틀린 구상은 우리도 모르는 사이에 벌써 우리 삶의 실천적 태도들의 토대가 되어 있어야 한다. 그러므로 헤겔은 일관되게 이 두 가지 결함 있는 자유 구상들을 객관정신의 형태들로 다룬다. 헤겔의 용어법에 따를 때, 객관정신의 형태란—비단 주관적 확신이라든지 철학적 주장만이 아니라—이미 상호주관적으로 공유되어서 행위에 영향을 미치는, 사회적 행위자들의 관점 자체가 된 것을 뜻한다. 그러한 태도들이 잘못돼 있어서 사회적 병리 현상을 유발할 수 있는 경우에는, 반박의 노선 위에서의 한갓된 비판 그 이상이 필요하다. 이런 경우에는, 앞서 시사되었던 절차의 세 번째 단계에 해당하는 [치료적 비판]만이 도움이 된다. 즉 [사회적 행위자들이 그러한 잘못된 태도들에서] 벗어나는 자기반성 befreiende Selbstreflexion을 [행하도록 만드는] 구성적 자극이라는 의미의 치료적 비판.

이로써 우리는 헤겔의 『법철학』 안에서 '인륜성'으로의 이행이 이루어지는 결정적인 지점에 도달했다. 그리고 [인륜성으로의] 이 전환점에서의 핵심사안은 '이론이 유발하는 해방 작용'der theoretisch bewirkte Akt der Emanzipation에 있다. 이 사실을 가장 잘 인식하도록 해 주는 말이, 이제부터 [헤겔의 텍스트 안에] 규칙적으로 등장할 '해방'Befreiung이라는 용어이다. 앞서 보았듯이, 헤겔은 '추상적 권리/법'과 '도덕성'의 자유 구상이 그 자체로 틀렸거나 잘못된 것이라고 말하지 않는다. 헤겔은 자기 책의 첫 두 부분에서 위 두 가지 자유 구상이 자기 홀로 절대화되어서 자립적인 실천적 표상으로 숭상될 경우, 바로 그것이 문제가 되고 따라서 사회적 고통을 유발할 수 있다는 점을 보여 주고자 했다. 즉 [헤겔의 논점은] 사회적 행위자들이 자신의 행위를 단지 일면적으로 이 두 자유 이념 중 하나에 정향하자마자, 그들은 자신의 자율성을 실질적으로 실현할 수 없게 되고, 더 나아가 이런저런 방식으로 비규정성과 불만족스러움의 고통에 사로잡히게 된다는 것이다. 그런데 이제 이런 일면적 자유관념들이 삶의 실천[을 지배하는] 암묵적 전제가 된 이상, 헤겔은 단지 이것들에 관한 이론적 반박에서 그칠 수 없다. 헤겔은 삶의 실천적 오류들의 고집스러운 완력을 통찰할 만큼의 충분한 혜안을 가지고 있었다. 때문에 헤겔은 '인륜성'으로의 이행[이라는 탁월한 방식의] 설명을 내놓는다. 그 설명을 받아들임과 동시에 병리적 입장들로부터의 '해방'이 이루어질 수밖에 없는 그런 류의 설명을 말이다. 따라서 정확한 의미에서의 치료적 기능은, 근대의 생활세계 안에는 이미 자유를 보장해 주는 상호작용 유형들 ——이것들을 통칭하는 말이 "인륜성"이다 ——의 전체 스펙트럼이 포함돼 있다는 사실을 깨닫는 통찰과 결합되어 있다. 독자들은 그들의 생활세계의 인륜적 내용에 대한 헤겔의 설명을 받아들이는 순간, 지금까지 자신들의 자유 실현을 가로막고 있던 잘못된 입장으로부터 동시에 벗어나게 된다.

그러나 헤겔은 성찰되지 않았던 종속들로부터 벗어난다

Emanzipation von undurchschauten Abhängigkeiten는 부정적 의미의 "해방"에 대해서만 말하고 있는 것이 아니다. 헤겔은 "실질적인 자유 affirmative Freiheit를 획득한다"(149절 보론)는 긍정적 의미의 "해방"에 대해서도 [동시에] 말하고 있다. 그리고 바로 이 사실에 헤겔이 구사한 논의 절차의 진정한 핵심이 있다. 인륜성으로의 이행은 병리적 태도들을 극복하도록 해 줄 뿐 아니라, 그와 동시에——모든 주체들이 대등하게 자율성을 실현할 수 있기 위한 사회적 전제인——소통적 조건들 또한 자각할 수 있도록 해 준다. 자신들이 일면적이고 불충분한 자유의 관념들에 좌우돼 왔다는 사실을 알게 된 순간에라야 비로소 해당 당사자들은, 그들의 생활세계 안에 있는 상호작용의 형식들——즉, 자신들의 개인적 자유를 위해 반드시 참여해야 할 상호작용의 형식들——을 스스로 인지할 수 있기 때문이다. 그러므로 '근대 사회의 모든 주체들에게는 이런 상호작용의 영역에 참여할 기회가 보장되어야 한다'는 통찰이 나타나려면, 먼저 [일면적 자유관념들을 절대시했던 종전의] 잘못된 도야 과정으로부터의 해방이 선행되어야 한다. 지금 "비규정성"에 시달리고 있는 것은, 주체들이 스스로 자각하지 못한 채 그들 삶의 실천 안에서 일면적 자유의 표상들을 받아들였기 때문이다. 이러한 해방적인 자각이 없다면, 그 주체들은 근대적인 인륜성이라는 이념 속에 안착돼 있는 상호주관성이론에 근거한 정의 개념에 도달할 수 없다. 전자의 치료적 통찰이 있어야 (어떻게 해서든) 후자의 정의론적 통찰이 따라올 수 있으며, '인륜성'으로의 이행 지점에서는 이 두 가지 통찰이 함께 이루어질 수밖에 없다는 사실. 이는, 헤겔이 자신의 독자들에게 치료를 위해 제공한, [독특한] 유형의 재구성에서 비롯된 귀결이다. 즉, [헤겔의 치료적 분석에 따르면] 주체들이 일면적 자유관념을 받아들이는 이유는 [생활세계 안에] 이미 존재하는 상호주관성이 억압/배제 Verdrängung되었기 때문이다. 이 사실을 보여 주는 방식으로, [일면적 자유관념을 받아들였던] 그간의 잘못된 도야 과정이 재구성된다. 때문에 병리 현상들로부터 해방된다는 것은 상호주관성이론적으로 이해된 정의를 향해 돌아선다는 것과 같은 의미가 된다. 달리 말해 치료적 분석은 정의의 구상[과 실현]에 직접적으로 중요한 영향을 미친다. 왜냐하면 사회적 병리 현상들에 대한 비판적 극복과 잘못된 확신에 대한 성찰은, 소통의 전제들을 받아들이면서 자유의 필수조건들에 대해 통찰하도록 만들기 때문이다. 물론 시대 진단과 정의론을 (혹은 의식사意識史와 『법철학』을) 서로 맞물리게 하려는 이런 생각들 때문에, 헤겔이 자신의 인륜성 이론에서 달성해야 할 과제의 요구 수준은 또 한번 결정적으로 높아진다. 헤겔의 인륜성 이론 안에 등장하는 사회 영역들은 두 가지 사안——즉 앞에서 살펴본 저런 고통 현상들로부터 지속적인 해방, 그리고 모든 주체들의 '정당한' 개인적 자기실현 가능성의 보장——을 동시에 해결할 수 있어야 한다.

Ⅲ부

근대의 규범 이론으로서의
인륜성 이론

III부
근대의 규범 이론으로서의 인륜성 이론

지금까지 전개된 내 해석에 따르자면 헤겔의 『법철학』을 되살려 내려는 시도는 일상언어적으로 매우 친숙하고 평범한 표현들에 핵심적인 가치를 부여한다. 이는 본질적으로, 내가 —— [기존의] 체계내재적인 해석들과는 다르게 —— 헤겔의 정치철학을 『논리학』의 논증적 뒷받침이 없이도(아니, 『논리학』의 논증적 뒷받침이 없어야만) 큰 설득력을 갖는 정의론으로 소개하려는 의도를 따른다는 사실과 관련될 것이다. 이런 해석에서는 존재 논리학이나 본질 논리학 혹은 개념 논리학의 신세를 지는 논리적 열쇠 개념들이 자연스럽게 후경으로 물러나고, 헤겔이 자기 이론에 친숙하지 않은 독자들에게 자신의 노력을 설명하고 싶어서 사용한 범주들이 주요 자리에 배치되기 때문이다. 헤겔이 그런 의도로 도입하는 개념들은, 따라서 『법철학』의 본문보다는 보론Zusatz에서 더 자주 발견된다. 이런 개념들 중에서, [내 해석에 핵심적인] 첫 번째의 것이 바로 '고통'이었다. 이 개념은 집단적인 기분이나 개인적인 심리 상태Befindlichkeit를 가리키는 말로 쓰인다. 그리고 헤겔은 대부분의 경우 "고통"을 비어 있음·규정되어 있지 않음·채워져 있지 않음의 현상들과 인과적으로 묶는다. [그러므로 헤겔의 맥락에서] "고통"은 일면적이고 불완전한 자유모델만을 지향하는 생활세계적 흐름lebensweltliche Orientierung이 야기할 수밖에 없는 병리적 손상들을 통칭하는 집합개념이다. "고통" 개념과 상보적 관계에 있는 "해방"이, [앞서 전개된] 내 해석에서 핵심적으로 부각된 두 번째 범주였다(물론 이 "해방"이라는 범주는, 지금까지의 헤겔 『법철학』 수용사에서는 항상 사소하게만 취급되어 왔었다). 헤겔이 인륜성 절로 넘어가는 이행 부분에서 "해방"에 관해 자주 언급하는 이유는, 다음의 두 테제를 개진하기 위해서였다. 인륜성이라는 새로운 영역으로 진입함으로써, [첫째, 당대의] 실재하는 고통으로부터 해방Befreiung될 수 있어야 하며, [둘째, 참으로] 실질적인 자유에로의 향함/노력Hinwendung 또한 가능해야 한다. 이처럼——『법철학』의 여타 개념들과는 달리——"해방" 개념에서는, 헤겔의 시대진단이곧바로 정의론적 사안과 맞물려 있다. '인륜성'은 모든 사회 성원들에게 동등한 자유 실현의 조건들을 보장해 줌으로써, 사회적 병리 상태로부터 그들을 해방시킨다.

5. 자기실현과 인정 : "인륜성"을 위한 조건들

[헤겔의] "해방" 개념은 자유에 대한 긍정적 이해와 부정적 이해를 포괄한다. 이 이중적 의미의 해방 개념이 이미, 헤겔의 관점에서 인륜성 영역이 수행해야 할 여러 겹의 과제들 쪽으로 첫 번째 빛을 비춘다. 즉, 시대진단과 정의론의 내적 결합[으로 이루어진 해방 개념]으로부터, 인

륜성 영역이 충족해야 할 첫 번째의 최소 조건이 도출된다. 인류적 영역은, 일반적으로 접근할 수 있는 개인적 성취와 자아 실현의 가능성들을 마련해 줄 때에만 —— 그럼으로써 이 가능성들을 활용해 각 개별주체들이 자신의 자유를 실천적으로 구현할 수 있도록 해 줄 때에만 —— 개인들을 "비규정성의 고통" 즉 채워져 있지 않음의 고통에서 벗어나게 할 수 있다. 그런 한에서 인류성의 영역은 —— 그 밖에 이 영역을 특징짓는 규정이 무엇이든 간에 일단은 —— 자기실현의 목적들로서 유의미하게 받아들여질 수 있는 여러 가지 삶의 가능성들을 담고 있어야 한다. 하지만 이 기준만으로는, 지금까지의 논의에 비추어 볼 때 인류성 영역이 가져야 할 것으로 보이는 모든 성질들을 다 포괄할 수 없다. 「인류성」 장에서의 헤겔의 논의를 따라가기 전에, 지금까지의 논의에서 암묵적으로 거론되었던 여타 기준들을 분명히 해 보면 좋을 것이다.

여기서 설명되어야 할 이 기준들 모두를 아우르는 개념적 틀은 당연히 [헤겔의 상호주관적인] 자유이념이다(헤겔이 『법철학』의 본문에서 두 가지 [일면적인] 자유 영역들의 불충분성을 지적하는 자신의 논의의 규범적인 배경이 될 수 있도록, 이미 서론에서 제시해 두었던 그 자유이념 말이다). 주체는 상대방 인간과의 관계에서만 제약됨 안에서도 자신을 자유롭다고 경험할 수 있기 때문에, 개인적 자유의 실현은 상호작용의 조건에 직결되어 있다. 그러므로 인류성의 영역은 상호 교류의 실천들로 이루어진 영역이어야 한다. [달리 말하자면] 개인들을 비규정성의 고통에서 벗어나게 하기 위해서 인류성 영역이 마련해 주어야 할 개

인적 자유 실현의 가능성들은 소통의 형식들로 짜여져 있어야 한다. 주
체들이 상호간에 타자 안에서 자신들 스스로의 자유의 조건을 볼 수 있
는, 그런 소통의 형식들로 말이다. 그러므로 헤겔의 관점에서 인륜성
영역이 충족해야 할 두 번째 조건은, 이 영역을 구성하는 행위 양식들
Handlungsmuster이 상호주관적 성격을 가져야 한다는 것이다. 그리고
헤겔은 그러한 상호주관성의 형식들은 '인정' 개념을 통해 적절히 포
착될 수 있다는 데서 출발하는 것 같다. (지금까지 자신의 텍스트에서 그
에 관한 어떠한 설명도 제시하지 않았음에도 불구하고, 이것이 마치 자명
하다는 듯이 말이다.) 이로써 헤겔은 다시 한번 자신의 예나 시기의 근본
확신으로 되돌아간다. 예나의 청년기 문헌들에서 헤겔은 피히테에게서
차용한 '인정' 개념을 사용했다. 이는 [주체들이 서로를] 상호 확인하는
사회적 양식들soziale Muster einer wechselseitigen Bestätigung 안에서 자
유의식의 필수전제들을 발견해내기 위해서였다.[37] 헤겔이 이 중요한 직
관을 [『법철학』이라는] 새로운 맥락에서도 변함없이 받아들인다는 것
은 물론이다. 그러나 헤겔은 이제 이 직관을, 인륜성 이론의 특수한 관
심사 덕분에 형성된 다른 중요한 [개념적] 성분들과 결합시킴으로써

---

37 이 개념적 발생에 관해서는 다음을 참조하라. Ludwig Siep, *Anerkennung als
Prinzip der praktischen Philosophie: Untersuchungen zu Hegels Jenaer Phi-
losophie des Geistes*, Freiburg i. Br./München: Alber Karl Verlag, 1979; Andreas
Wildt, *Autonomie und Anerkennung: Hegels Moralitätspolitik im Lichte seiner
Fichte-Rezeption*, Stuttgart: Klett-Cotta Verlag, 1982; Axel Honneth, *Kampf um
Anerkennung*, Frankfurt am Main: Suhrkamp Verlag, 1992; Robert R. Williams,
Recognition. Fichte and Hegel on the other, New York: State University of New
York Press, 1992.

더 풍부하게 만든다. 우선 『법철학』에서도 '인정한다'는 것은, 주체들이——해당 상호작용의 양식에서 중시되는, 인격성의 특정한 측면들에 바탕해서——서로를 강요 없이 확인한다는 것을 의미한다. 이것이 '인정'의 일반적인 형식이다. 이것에 관해서 헤겔은 이후 1830년의 『철학백과』에 이르면 다음과 같이 말하게 된다. 어떤 한 주체가 "인정을 받을 만한"der Anerkennung würdig 자로 입증되는 것은, 그가 "타인들에게 보편 타당한 방식으로 처신할 때, 즉 자기 자신이 무엇에 해당되기를 원한다면 타인 [또한] 그것으로 인정할 때"이다.[38] 이미 여기서 사용된 '처신함'Benehmen이라는 표현은, 헤겔이 같은 곳에서 '대우함'Behandeln이라는 개념을 사용하면서 다시 한번 더 강조하려는 다음의 사실을 분명하게 보여 준다. 상호 간에 서로를 인정한다는 것은 서로를 확인하면서 상대와 마주하는 것만을 의미하지 않는다. 서로를 인정한다는 것은, 해당 인정 형식이 도덕적으로 요구하는 방식대로 타인에게 태도를 취하는 것까지도 함축한다. 그리고 상호인정은 무엇보다도 바로 그 태도를 함축해야 한다.

　『법철학』에서 헤겔은 인정의 이 실천적인 태도연관적 측면을 그의 초기문헌들에서보다 훨씬 더 강하게 부각시킴으로써, 인륜성 영역이 충족해야 할 다음 기준을 제시하고자 한다. 상호인정은 어떤 태도의 차원을 갖고 있으며, 어떤 특정한 형식의 상호주관적인 대우함을 함축

---

38 G. W. F. Hegel, *Enzyklopädie der philosophischen Wissenschaften im Grundrisse*, Ⅲ. Teil; *Theorie-Werkausgabe in 20. Bdn.*, Hrsg. von Eva Moldenhauer, Bd. 10, Frankfurt am Main: Suhrkamp Verlag, 1970, § 432, Zusatz.

한다. 그러나 이는 상호인정 그 자체가 자립적인 행위라는 뜻이 아니다. 헤겔의 생각은 오히려, 인정하는 성격을 갖는 어떤 행위들이 있다는 것이다. 어떤 행위를 하면서 주체들이 서로에게 특유한 형태의 인정을 표현해 주는 방식으로 서로에게 관계하는 한, 그 행위는 인정하는 성격을 갖는다. 이런 상호주관적 태도를 표현할 수 있는 여러 유형의 사회적 행위가 있다. 그러므로 헤겔은 인륜성의 영역을 서로 다른 여러 가지 인정 형식들이 모여서 이루어진 하나의 질서라고 칭할 수 있게 된다. 즉, 인륜적 영역은 어떤 특정한 형식의 상호 인정을 표현할 수 있다는 공통점을 갖는, 여러 가지 다른 종류의 행위들을 포함한다.[39] 그런 한에서 헤겔의 관점에서 인륜성 영역이 충족해야 할 세 번째 조건은 다음과 같다. 이 영역을 구성하는 상호주관적 행위들은 특정한 형식의 상호 인정을 표현하는 것들이어야 한다. 그 밖에도 헤겔이 「인륜성」 장에서 어떻게 행위이론적 계열의 논증을 계속해 나가는지도 분명해졌다. 헤겔은 적합한 행위 개념을 완성하는 데 필요한 다음 요소로 표현적 성분들을 도입하고 있는 것이다. 이로써 우리는 근대 사회에서의 사회적 통합 과정을 설명할 수 있을 만큼 충분히 복잡한 사회적 행위 모델에 한층 더 가까이 다가간다.

---

[39] 헤겔의 행위 개념 안에 있는 이런 표현주의적 요소에 관해서는 다음 책을 참고하라. Taylor, "Hegel and the Philosophy of Action", *Hegel's Philosophy of Action*, Hrsg., L. S. Stepelevich & David Lamb, Atlantic Highlands, NJ: Humanities Press, 1983, pp. 1~19. 앨런 패턴Alan Patten으로부터 헤겔에게 행위 혹은 실천은 '인정'을 표현할 수 있다는 생각을 빌려왔다(*Hegel's Idea of Freedom*, Oxford: Oxford University Press, 1999, p. 129 이하).

하지만 상호주관적 행위는 인정의 태도를 표현할 수 있어야 한다는 이 마지막 조건으로도 아직 인륜성 영역의 성질과 관련해『법철학』의 첫 두 부분에서 간접적으로 밝혀진 모든 것이 다 포괄되지는 않는다.「인륜성」장에서는 '의무'가 해방 효과를 가져올 수 있다는 사실이 분명해질 것이며, 마찬가지로 이 장에서는 완전한 '윤리적 의무론'이 전개되어야 한다(148절)는 헤겔의 말 속에 그 다음 기준을 규정할 수 있는 열쇠가 있다. 지금까지 우리는 인륜성 영역이 일련의 상호주관적 행위들, 즉 그 안에서 주체들이 개인적인 충족과 상호적인 인정을 동시에 얻을 수 있는 그런 상호주관적인 행위들을 포괄해야 한다는 것을 알게 되었다. 그리고 이 인륜성의 영역은 주체가 타인에게 특정한 방식으로 인정을 표현할 때에만 자기실현에 도달할 수 있는 유형의 사회적 상호작용들을 다룸으로써, [개인적인 충족과 상호적인 인정이라는] 두 요소 간의 연관을 잘 보여 주어야 한다는 사실도 알게 되었다. 그 다음 단계에서 헤겔은 이제 '의무' 개념을 이용하면서, 상호주관적 행위가 서로에게 인정을 표현하는 행위가 되려면 어떤 성질들을 가져야 할지를 보여 주어야 한다. 헤겔이 칸트의 '의무' 관념을 개념적으로 변형시키자마자, 이 맥락이 우리의 시야 안에 들어온다. 148절에서의 헤겔의 말을 들어보자. 칸트에게 '의무'가 "도덕적 주관성의 공허한 원칙"을 의미한다면, 그에 반해 여기『법철학』에서 "인륜적 규정들은 필연적인 관계로 나타난다." 따라서 각 인륜적 규정에 다시 한번, "이 규정이 인간의 의무이다"라는 추가 설명을 덧붙이는 것은 불필요한 일이다. 여기서 "인륜적 규정들"은 이미 잠정적으로 도덕적 명령으로 이해되기 때문이다. 이런 이의 제기로 헤겔이 시사하는 바는 다음과 같다. 앞으로 서술될 인륜성의 영역 안에는 도덕적인 명령들이 "필연적 관계들"의 형태로 포함되어 있다. 그리고 우리가 이미 확인했듯이, 이 관계들은 그 핵심에 있어서 상호주관적 행위의 양식들 Muster로 여겨져야 한다. 이로부터 다음의 귀결이 따라나온다. 도덕적인 명령들(혹은 의무들)은 각 상호주관적 행위의 양식들 속에 포함돼 있는 내적 성분이다. 이런 생각이 칸트 식의 의무론처럼 들리는 것을 피하기 위해서 헤겔은 지당하게도 다음과 같이 말해야 할 것이다. 내가 말하는 이런 행위는 주체들이 서로 규범을 지키면서도 이 규범들을 결코 의무로 느끼지 않는 그런 유형의 사회적 상호작용을 가리킨다고 말이다. 이런 행위를 수행한다는 것은 어떤 특정한 도덕적 명령들을 고려하는 것이 당연하다는 식으로 타인을 대한다는 뜻이다. 헤겔의 행위이론적 용어법으로 번역해 보자면, 이 행위는 어떤 도덕 규범을 거론하지 않고서는 묘사될 수 없는 성질을 가진 그런 사회적 행위일 것이다. 달리 표현하자면, 이런 행위는 어떤 특정한 규범들이 구속력 있는 것으로 경험된다는 조건하에서만 비로소 수행될 수 있는 그런 행위이다.

이런 결론으로부터 『법철학』에서 윤리적 '의무론'과 인정 개념이 내적으로 연관되어 있다는 사실이 분명히 간파된다. 그 핵심에서 볼 때 헤겔이 칸트를 비판하면서 전개하는 의무 개념은, 상호주관적 행위들 중 어떤 것이 상호인정을 표현할 수 있는지를 가려내 준다. 즉, 한 주체가 타자에게 인정의 태도를 보이는 것은, [그와의 관계에서] 어떤 특정한 도덕 규범을 준수하는 성격을 띠는 행위를 하는 경우에만 가능하다.

어떤 타인에게 인정을 내보이려면 해당 행위 규범을 준수하는 데에서 구체화되는 도덕적 고려가 필수적이기 때문이다. 그런 한에서 헤겔에게 의무는, 칸트가 가능한 행위들 가운데 하나를 선택할 때 상위의 기준으로 놓고 싶어 했던 초월적 관점이 아니라, 인정을 표현할 수 있는 행위의 "필수적인" 내적 성분을 나타낸다. 그리고 '윤리적 의무론'을 구축한다는 것은 그 도덕적 특질 덕분에 인정의 태도를 보여 줄 수 있는 상호주관적 행위들의 종류를 체계적으로 조망하게 된다는 것을 의미한다.

이런 규정들과 앞에서 우리가 자아실현을 가능하게 만들어야 할 필요성에 관련해서 했던 생각들을 연결시켜 보면, 인륜성 영역이 충족해야 할 전제들에 관한 제법 완전한 그림이 나온다. 헤겔은 최소한 다음의 조건들이 주어져 있는 곳에서만 우리가 인륜적인 구조, 인륜적인 삶의 관계들에 대해 말할 수 있다고 확신하는 것 같다. 상호주관적 실천의 양식들이 있어야 한다. 주체들이 도덕적인 고려를 통해서 인정을 표현하는 방식으로 상호 연관되면서 자신을 실현할 수 있게 해 주는, 상호주관적인 실천의 양식들. 이로부터 한 발짝만 더 나아가면 우리는, 인륜성 이론을 구상할 때 헤겔이 품고 있던 계획을 전체적으로 조망할 수 있을 만큼 완전한 표상 모델을 갖게 된다. 여기서도 우선, 지금까지의 텍스트의 재구성 작업에서 대답할 방도가 없어서 아직 열려 있었던 문제 하나를 떠올리면서 논의를 시작하면 좋을 것이다. 『법철학』의 「서론」에서 확인되었듯, 헤겔은 개인적 자유의 실현을 상호주관적인 과정으로 개념화하려고 한다. 그 이유는 다른 주체들에 대한 관계에서만 인간은 '자기 자신으로 있음'을 경험할 수 있게 해 주는 경향성이나 욕구에로 자기를 제약할 수 있기 때문이다. 주변의 동료 인간에게 긍정적으로 연관되는 "일차적 층위의 의욕들"을 추구하는 것은 인과적 강압이나 타율성으로부터 자유롭다는 성질을 갖는다. 왜냐하면 이런 의욕들을 추구하는 것은 타인에 의해서 잠재적으로 응답될 경우 내 자신의 자유의 표현이 되기 때문이다. 「인륜성」장에서 상호주관적 행위의 실천들을 강조하는 헤겔의 논의 뒤에는 이렇게 탁월한 생각이 숨겨져 있다. 그러나 다음의 물음은 대답되지 않은 채로 남아 있다. 경향성의 제한을 이성적 결정의 산물로 여겨서는 안 된다고 한다면, 경향성을 그런 식으로 '제한'하는 것은 도대체 어떻게 가능한 것일까? 헤겔은 방금 시사된 이 [이성적 결정을 통한 경향성 제한이라는] 해법을 이미 기각했다. 그는 이미 「서론」에서 칸트와 피히테를 향해, 이들은 욕구를 단지 도덕적 검토를 위해 '주어진' 질료인 것처럼 간주하면서 타율적인 것으로 치부한다는 비판을 제기했기 때문이다. 이들과 반대로 헤겔에게 주요한 '제한'은 인간 경향성의 자연적인 잠재력이 형상화의 과정, 즉 사회화의 과정을 거침으로써 단순히 주어져 있는 것으로서의 성격을 상실하게 되는, 그런 형태의 '제한'이다. 욕구의 잠재성, 즉 인간의 내적 자연은 단 한 번에 영원히 고정되는 것이 아니라, 어떤 방향으로든 초점을 맞춰 변화될 여지가 있는 조형적인 것 etwas Plastisches으로 간주되어야 한다. 「서론」의 단 한 곳에서 헤겔은 '도야'Bildung 개념을 언급함으로써, 「인륜성」장에 가서 자신이 이 개념을 가지고 문제를 풀 것이라는 암시를 준다. 「서론」의 이곳에서 헤겔은 ── 칸트나 피히테와는 반대로——인간의 동기 구조는 항상 도야 과정의 산물이라는 가정에서 출발한다. 즉 인간의 동기 구조는 현재의 욕구나 경향성들 속에 합리적 명령들이 스며들게 만들 정도로 충분히 강한 영향을 준 [선행적] 도야 과정의 산물이라는 것이다. 그런 한에서 '제한'의 과정, 즉 충동의 잠재력이 상호주관적 욕구 쪽으로 조형되어 가는 과정은 근대 사회가 '도야'의 형식으로 규칙적으로 반복할 수 있는 초개인적 과정으로 여겨져야 한다. 우리는 헤겔이 이렇게 시사된 생각을 자신의 「인륜성」 장에서 어떻게 상술하는지를 나중에 보게 될 것이다. 「인륜성」 장에서 헤겔은 인륜적 영역 전체를 "제2의 자연"의 사회세계로 규정함으로써 이 생각을 상세히 전개하게 될 것이다.

　　그러나 '도야'라는 아이디어로 인해서 헤겔의 인륜성 영역이 충족해야 할 범주적 전제들에 어떤 귀결이 초래되는지는 이 자리에서 벌써 분명해졌다. 지금까지는 인륜성 영역을 이루는 상호주관적 실천들이 개인적 자기실현의 조건들과 상호인정의 조건들을 충족시킬 수 있어야 한다는 점이 확인됐었다면, 이제 [도야라는 개념과 함께 인륜성 영역의] 그 다음 마지막 조건이 밝혀진 것이다. [이 영역의] 각 행위 양식들 안에서는 경향성과 의무, 즉 욕구와 명령이 이미 항상 서로 한데 융합되어 있다. 그래서 이 행위 양식들은 도덕적 내용을 가진 실천들을 산출해 낼 수 있다. 때문에 이 행위 양식들은 자기를 재생산할 수 있기 위해서는 [경향성과 의무의] 그런 융합을 항상 다시 산출해 낼 수 있어야만 한다. 그런데 이는 지금까지의 논의에 따를 때, 오직 다음의 사실만을 의미할 수 있다. 구성적으로 볼 때, 이 행위 양식들의 기저에는 실천적 습관들이 있으며, 이 실천적 습관들이 형성되는 도야의 과정은 이 행위 양식 자체에 의해서 직접 촉발될 수 있다. 그런 한에서 헤겔의 인륜성 구상은 일종의 인식론적인 이론까지도 포괄해야 한다. 숙련된 기술들과 성취들의 네트워크화된 앙상블에 상응하는, 암묵적 규칙들의 지평 전체를 익히고 연습하는 경우만을 우리는 도야라고 하기 때문이다.[40] 따라서 전체적으로 볼 때 헤겔의 이 마지막 생각은, 인륜적 상호작용 영역들 저마다가 자기 영역에 적합한 태도 기질들을 교육시킬 수 있는 학습과정을 지니고 있다는 사실을 입증해야 한다는, 어려운 과제로 연결된다.

이 마지막 기준과 함께 우리는 헤겔이 자신의 '인륜성' 장에 연결시키는 모든 요건들을 다 조망할 수 있는 지점에 도착했다. 이 일련의 조건들을 표제어로만 다시 거론해 보자면 다음과 같다. 인륜성 영역은 개인적 자기실현, 상호간의 인정, 그에 상응하는 도야 과정들을 보장하는 상호작용의 실천들로 구성되어야 한다. 그리고 헤겔은 이 세 가지 목적 지향이 서로를 조건 짓는 관계에 있다고 확신하는 것처럼 보인다. 그런 한에서 이 세 가지 목적 사이에는 무척 긴밀한 연관이 있어야 한다. 그런데 우리가 헤겔의 인륜성 장에서의 서술의 진행을 검토하지 않고도 미리 이 규범적 요건들을 재구성할 수 있었다고 해서, 헤겔이 이제 도덕적 구성주의의 방식에 따라 논의를 펼칠 것으로 잘못 예단해서

---

40 다음의 연구에서 위 관점이 가장 잘 드러난다. Paul Redding, *Hegel's Hermeneutics*, Ithaca & London: Cornell University Press 1996, p. 191 이하.

는 안 된다. 즉, 헤겔은 우선 잘 정초된 정의 원칙들을 포괄적으로 제시한 다음, 이 정의 원칙들의 실현에 필요한 사회조건들을 묻는 데로 나아가는 [도덕적 구성주의의] 논의 방식을 채택하는 것이 아니다. 우리의 사회적 삶의 관계들 안에는 우리가 그것들에 기대어 대부분의 판단과 결정 들을 내려도 좋을 만큼의 충분한 정초 능력을 가진 도덕 규범들이 포함되어 있다는 테제를 내놓으면서 칸트에 반대할 때, 헤겔은 이미 그런 논의 방식과 결별했다. 그리고 이 테제는 다시금 그의 훨씬 더 근본적이며 포괄 범위가 넓은 확신을 담고 있는 표현이었다. 사회 현실은 일반화 가능한 근거들이 합리적으로 관철된 산물이기 때문에 항상 '객관정신'이라고 칭해야 한다는 확신 말이다. 그러므로 헤겔이 인륜성의 영역을 정의하기 위해서 자신의 『법철학』 세 번째 장에서 사용하는 논의 방식은 어떤 하나의 이상적인 이론을 창출해 내는 구성하기의 방식이 아니다. 헤겔의 논의 방식은 오히려, 앞서 우리가 정리한 저런 기준들에 상응하는 행위 영역들을 근대의 사회적 현실 안에서 캐내려는 '사회 이론적' 시도로 해석되어야 한다. 칸트적 전통의 구성주의와의 차이를 강조하기 위해서 우리는 헤겔의 이런 식의 논의 방식을 '규범적 재구성'이라고 부를 수 있을 것이다. [즉 「인륜성」 장에서 헤겔은] 지금까지 전개된 기준들을 실마리 삼아서 근대적 삶의 관계들을 규범적으로 재구성할 것이다. 이 근대적 삶의 관계들 가운데, 모든 사회 성원들의 개인적 자유 실현을 위해 포기 불가능한 조건으로 간주될 수 있는 상호작용의 양식들을 분명하게 드러내 보여 주는 방식으로 말이다. 그런 한에서 헤겔에게는 근대 사회들의 사회적 현실에 속하는 것들 중 일부만

이 '인륜성'이라는 규범적 제목 아래로 들어온다.

물론 「인륜성」 장에서 눈에 떠는 첫 번째 사실은 이 장이 세 개의 하부 절들로 다시금 쪼개진다는 것이다. 주지하듯 이 장은 순서대로 "가족", "시민사회", "국가"로 이루어져 있다. 사전 지식이 없는 독자들은 이러한 상습적인 삼분법을 보는 순간, 틀림없이 헤겔이 정신의 작동 방식을 발견해 내기 위해 사회적 질료에다 자기 논리학의 추론 형식들을 적용하고 있다는 인상을 받을 것이다. 「인륜성」 장을 삼분한 이유에 대해 말하고 있는 157절의 서술도 이런 의혹을 제거해 주지 못한다. 여기서 이야기된 것이라고는, 정신을 "그 계기들의 형식을 통해서" "객관화"한다는 말뿐이기 때문이다. 그러므로 헤겔이 과연——자신의 논리학과 무관하게——인륜적 영역을 저 세 가지 행위 영역들로 나누는 분할을 정당화할 수 있는 실질적인 근거를 갖고 있는지 검토해야 한다. [그런데] 이때, 헤겔이 '가족', '시민사회', '국가'라는 제도적 복합체들을 강조한 까닭을 이해하는 것은 보다 사소한 문제에 불과하다. 이는 근대 사회의 핵심 구조를 이루는 저 세 행위 영역들에 대한 헤겔의 예리한, 사회학적 의식[의 산물일 뿐] 그 이외의 다른 것을 반영하지 않는다. 그에 반해 본질적으로 훨씬 더 큰 난점을 자아내는 물음은 이것이다. 주체들에게 개인적 자유 실현을 보장해 줄 수 있는 상호작용의 양식은 얼마나 정확히, 그리고 왜 오직 이 세 행위 영역에 속하는 것일까? 여기서 헤겔은, 근대 사회의 저 세 가지 핵심 제도들은 [제도임과] 동시에, 자기실현, 인정, 도야가 적절한 방식으로 한데 돌아가는 당대의 유일한 실천 영역들이라는 무척 대담한 테제를 전제하는 것 같다.

이 포괄적인 테제를 전반적으로 검토하기 전에 먼저 헤겔이 이 세 영역을 세우기 위해서 『논리학』과 무관하게 제시한 근거들을 확인해 보자. '가족', '시민사회', '국가'는 규범적 동등성의 관계가 아니라 위계 적 관계를 이룬다. 이 개별 영역들은 상승 라인을 따라 배치되어 있다. 그리고 이런 형태의 위계화를 위해서 헤겔은 『법철학』에서 논리적 추 론 형식들을 지시하지 않고도 활용할 수 있는 근거들을 제시한다. 그렇 게 헤겔은 '가족'이 자신의 서술의 출발점을 이루어야만 한다는 사실에 관해서는, 여기에서는 자연적 느낌들 Empfindungen이 개인들을 한데 묶 는 매개체라는 점을 들어 정당화한다. 158절에 대한 주석에서 그는 가 족이 "자연적인 것의 형식 안에서의 인륜성"이라고 간략하게 정리한 다. 이 정식화를 보다 강한 사회학적 개념으로 번역해 보자면 여기서 헤겔은, 현존하는 형태의 가족, 즉 시민적 bürgerliche 핵가족[41]은 인간 욕구들의 사회화가 이루어지는 사회적 장소를 나타낸다는 확신을 표 현하고 있는 것이다. 가족의 영역에서는 부부간의 성적 사랑이라는 형 태로 개인적 충동의 상호주관적인 만족이 이루어지며, 아직 유기적으 로 조직돼 있지 않은 아이의 욕구들이 부모의 양육을 통해 처음으로 그 형태를 얻는다. 그러므로 가족은 인간의 욕구 본성에 근접해 있다는 사 실에 힘입어, 모든 인륜성의 기본적인 토대로서의 지위를 갖는다. 가족

---

41 지크프리트 블라셰Siegfried Blasche의 명석한 논문을 참조하라. "Natürliche Sittlichkeit und bürgerliche Gesellschaft. Hegels Konstruktion der Familie als sittliche Intimität im entsittlichen Leben", *Materialien zu Hegels Rechtsphilosophie*, Bd. 2, Hrsg. Manfred Riedel, Frankfurt am Main: Suhrkamp Verlag, 1974, pp. 312~340.

의 내부 공간 안에서 충동이 상호주관적으로 인정받지 못한다면, 사회적으로 공유되는 행위 습관 및 태도 들을 떠받치는 토대, 즉 "제2의 자연"의 형성은 전혀 불가능할 것이다.

이로써 헤겔의 '인륜성' 구상 안에서 가족의 기본적인 역할이 비교적 쉽게 이해될 수 있다면, '시민사회'라는 중간 부분은 훨씬 더 큰 이해상의 난점들을 야기한다. 이 영역에서도 다시, 논리학의 뒷받침 없이도 설득력을 갖는 헤겔의 논거들에 집중하는 것이 중요하다. 이 영역에서는 다음과 같은 정황 때문에 하나의 특수한 문제가 생긴다. 헤겔은『법철학』에서 '시민사회'를 "욕구들의 체계"라고도 부르고 있다. 이로써 욕구라는 인간 본성의 측면에 대한 특유의 근접성이 [시민사회 영역의 고유성으로] 창출된 것처럼 보인다. 그러나 [욕구에의 근접성] 이는 방금 막 '가족'의 고유성이라고 주장했던 바로 그것이 아닌가? 이런 난점들은 헤겔이 일찍이 자신의 정치적 사유에서 '시민사회'라는 개념에 어떤 의미를 부여했는지 고려해 보면 해소된다. 자신의 예나 시기 이래로 헤겔은 영국의 정치경제학에 대한 해박한 식견에 기반해서, '시민사회'라고 불리는 영역을 자본주의적 시장의 영역과 동일시한다. 자본주의적 시장 영역은 그 경쟁 효과 때문에 주체들 간의 상호주관적인 결속을 파괴하기는 하지만, 다른 한편으로는 교환을 통해 수많은 생산물에 접근할 수 있는 가능성을 열어 주기 때문에 주체들 저마다의 개인적인 이해 관심사가 실현될 수 있도록 최고의 기회를 주는 것도 사실이다.[42] 그

---

42 대표적으로 다음 책을 참고하라. Manfred Riedel, "Hegels Begriff der bürgerli-

런 한에서 '시민사회', 즉 이제 시장에 의해 매개된 경제 시민들 간의 교류 영역으로 이해되는 영역으로서의 시민사회는 헤겔에게는 직접적 인륜성을 파괴하는 매개체이면서도 최고의 개별화를 성립 가능하게 만드는 매개체를 뜻한다. 그리고 분명히 수사적으로 첨예화하려는 의도에서 헤겔은 이런 야누스의 얼굴을 한 [시민사회의] 역할을 "인륜적인 것 안에서의 비극"이라고 표현했다.[43] 이로부터 우리가 앞서 제기한 물음에 답을 주는 다음의 결론이 도출된다. "욕구들의 체계"라는 말은 욕구에 초점이 맞춰진 의사 소통의 영역을 의미하는 것이 아니다. 헤겔은 시장이 가진 익명적인, 즉 체계적인 조종 작용·Steuerungsleistung을 가리키기 위해 저 말을 쓰고 있는 것이다. 이런 익명적이고 체계적인 조종 작용 덕분에 시장은 무수히 많은 욕구들을 만족시킬 수 있다. 인간의 본성 가운데 그런 형태의 교환관계들에 연루되는 것은, 성인으로서 우리가 더 이상 가족의 범위 안에서 충족되리라 기대할 수 없는 욕구들, 여러 겹으로 증가될 수 있는 욕구들이다.

이 개념 설명으로부터, 인륜적 영역 안에서 '시민사회'가 '가족'에 비해 더 높은 지위를 차지하는 이유가 쉽게 파악된다. 헤겔의 생각

chen Gesellschaft und das Problem seines geschichtlichen Ursprungs", *Materialien zu Hegels Rechtsphilosophie*, Bd. 2, Hrsg. Manfred Riedel, Frankfurt am Main: Suhrkamp Verlag, 1974, pp. 247~275.

43 헤겔은 이미 예나 시절 쓰여진 자신의 논문, 「자연법의 학적 취급 방식에 관하여」Über die wissenschaftlichen Behandlungsarten im Naturrecht에서 '시민사회'를 염두에 두면서 "인륜적인 것 안에서의 비극"에 관해 말하고 있다. *Theorie Werkausgabe in 20 Bdn.*, Hrsg. von Eva Moldenhauer, Bd. 2, pp. 434~530. 여기서는 495쪽.

은, 시장에 의해 매개된 교류 안에서 주체가 이미 개인화된 법 인격 Rechtsperson으로 출현한다면, 가족의 내부 공간에서 주체는 스스로 선택하지 않은 공동체 안에서 비자립적 성원으로서 실존한다는 것이다. 다른 말로 표현해 보자. 헤겔의 시각에서 '시민사회'가 가족의 소통 공간보다 우월한 이유는 이 영역에서는 개인화의 정도가 더 높다는 것, 즉 자기 중심의 이해 관심사가 실현될 가능성이 더 높다는 사실에 있다. 시장에서 교환이 발생할 때, 그 교환에 반영되어 나타나는 것은 분명 인간의 욕구이다. 그러므로 더 높은 지위에 놓인 이 영역에서도 다시금 인간 본성의 한 부분이 표현된다는 것은 사실이다. 하지만 여기서 중요한 문제는 "사적인 개인들"Privatpersonen이 "그들의 목적으로 갖는" 자기 연관적 "이해관심사들"이지, 가족 성원들이 서로에게 나타내는 상호주관적인 욕구 같은 것이 아니다. 그러므로 [세 인륜성 영역 간의 규범적 우위라는 문제에] 접근해 가는 첫 단계에서 우리는, 상호주관적 욕구의 만족인가 아니면 자기중심적 이해 관심사의 만족인가에 따라 가족과 시민사회가 결정적으로 구별된다고 결론 내릴 수 있다. 그렇게 이해하면 더 나아가, 인정과 자기실현이 맞물리는 방식에 있어서 이 두 영역이 보이는 차이 또한 잘 확인된다.

첫 두 영역을 비교하는 척도로 밝혀진 이 기준에 따르자면 '시민사회'에 대한 '국가'의 우위 또한, 국가가 주체에게 다시 한번 보다 높은 정도의 개인성을 얻게 해 줄 수 있다는 데서 나와야 할 것이다. 그럼에도 불구하고 국가라는 세 번째 영역으로 이행하는 이곳에서는 이렇게 논증할 수 있는 선이 흐릿해진다. 헤겔이 여전히 개인의 자유 관심사들을 염두에 두고 있는 것인지가 항상 분명하지만은 않기 때문이다. 시민들은 국가라는 실체와의 관계에서 우발자Akzidenz로 여겨져야 한다는 헤겔의 유명한 이야기는 오히려, 여기서 개별자는 종속된 성원의 역할을 할 뿐이므로 그의 개인성은 사실상 전혀 중요하지 않다는 사실을 분명하게 보여 주는 것 같다. 우리는 이후에 이 문제로 되돌아와야 할 것이다. 하지만 이런 경향과는 반대로 「국가」 장에서는 지금까지의 단계적 결론들과 합치되는 생각들이 발견되는 것도 사실이다. 그런 곳들에서는 다음의 생각들이 표현된다. 주체들은 보다 높은 개인성의 차원에서 국가 안으로 포섭되는데, 왜냐하면 그들은 여기에서 "어떤 일반적인 활동들"(255절, 보론)을 수행할 수 있기 때문에 그렇다는 것이다. 이 말이 무슨 뜻인지를 헤겔은 "직업단체"Korporation*에 관해 상세히 언급하는 곳에서 가장 정확히 설명한다(이 논의는 물론 「국가」 장에 속하는 것이 아니라, 「시민사회」 장의 끝 부분에 붙어 있다). 그곳에서의 헤겔의 말을 의미에 맞게 풀이해 보면 다음과 같다. 개별자는 자신의 활동을 하는 가운데 스스로가 가진 "숙련된 솜씨"와 능력 들이 사리사욕이 아닌 "공동의 목적"에 기여하도록 그것들을 합리적으로 제한하는 법

---

* [옮긴이주] '동업조합'으로 옮기기도 한다. 중세의 길드에서 유래한 것으로, 국가에서 독립해 있지만 국가가 공식적으로 인정한, 같은 일이나 직업을 공유하는 사람들의 집단을 말한다. 직업단체는 한 직업군에 속하는 개인들을 공동의 직업의식, 직업윤리, 도덕적 태도 등으로 결속시키며 소속감을 주는 '제2의 가족'이라고도 할 수 있겠다. 따라서 헤겔이 (자본주의적) 시장에서 개별화되어 최소한의 관계만을 맺는 개인들의 영역에서 일어나는 병폐를 방지하고 교정할 수 있는 수단으로 직업단체에 주목하는 것은 우연한 일이 아니다. 헤겔 이후에 뒤르켐은 근대사회의 아노미, 분업 등에 따르는 병리현상을 막는 수단으로서 직업단체에 주목했다.

을 배우는 만큼, 이성적 소질을 갖춘 시민으로서 공적으로 실존할 수 있게 된다. '일반적인 삶'을 영위할 수 있는 이 능력을 가진 대가로 그가 받는 상호주관적인 확증이 바로 다른 사회 성원들이 주는 위신과 "명예"이다. 원칙적으로 모든 사회 성원은 짜여진 활동들을 통해 "이 전체의 비이기적인 목적"(253절)에 자신을 투입하고 그러한 그의 "성실함" Rechtschaffenheit에 대한 대가로 명예라고 하는 "참된 인정"(253절)을 얻을 기회를 가져야 한다. "인륜적인 인간이 그의 사적인 목적 외의 일반적인 활동"(225절)을 수행하도록 만들기 위해서 국가는 직업단체에 소속될 가능성뿐 아니라 '공적인' 사안들을 수행할 수 있는 다른 대안적인 가능성들도 보장해 주어야 한다. 헤겔은 '일반적인 것'에 협력함으로써 즉 공동체의 재생산에 적극적으로 참여함으로써 보다 높은 정도의 개인화에 이를 수 있다고 믿는다. 국가의 영역에서 주체는 자신의 자연적 욕구도, 자신의 개별적 이해 관심사도 아닌, 이성적으로 도야된 소질 및 숙련된 솜씨 들 안에서 사회의 성원이 되는 것이다.

'국가'에 대한 이 규정들로 인해 헤겔이 어떠한 양의성에 시달리는지 살펴보기 전에, 우리는 지금까지의 고찰로부터 첫 번째 개괄적인 요약을 도출해 낼 수 있다. 전체 인륜성 영역을 서로의 뒤를 잇는 세 단계──'가족', '시민사회', '국가'──로 쪼갤 때 헤겔은 욕구, 이해관심사, 명예를 차례대로 배열하려는 것 같다. 그리고 주체는 이 세 영역들 각각에서──처음에는 아직 유기적으로 짜여 있지 않던 자연적 개인성이 합리적으로 주형되는 정도가 커진다는 의미에서──점차 더 많은 고유한 개인성을 가진 자가 된다. 어떤 개별자는 사랑을 통해서만 충족될 수 있는 욕구를 가지고 있기 때문에 '가족'의 성원이다. 그에 반해 '시민사회'에로의 소속성은 자신의 이해관심사를——자본주의적 노동시장과 상품시장에서의 교류를 통해 간접적으로 만족될 수 있도록——합목적적으로 다룰 줄 아는 능력에 달려 있다. 그리고 마지막으로 개인 주체가 자신의 "숙련된 솜씨들", 바람들, 재능들을 '이성적으로' 다듬어 일반적인 것의 번영에 투입시킬 능력이 있다면, 그는 국가 안에 포섭된다. 이런 재구성이 분명히 보여 주듯, 헤겔은 이 세 영역에 각각 그에 해당하는 인지적 세계 연관의 형식들을 대칭적으로 마주 놓음으로써 개인화의 세 가지 단계를 구분하는 데 성공한다. 그래서 그는 인륜성의 영역을 전체적으로 오래 진행되는 도야 과정으로 이해해야만 한다. 주체는 이 세 영역에의 참여를 통해 차례대로 "느낌", 목적 합리성, 이성의 지평 안에 안착된 인지적 도식과 근거 들을 다루는 법을 단계적으로 배움으로써 보다 높은 개인성에 도달해 간다. 그러므로 세 가지 상호작용 영역들 간의 위계는, 그것들 각각이 어느 정도까지 개인성의 사회적 표현을 가능하게 해 주는지의 정도 차에 따라서만이 아니라, 또한 그 영역들에서 각각 행해지는 언어 작용의 인지적 수준에 따라서도 결정된다. 하지만 아마도 이 두 차원 [개인성의 사회적 표현이라는 차원과 언어작용의 차원] 사이에 간극이 있다고 보기보다는 오히려, 헤겔이 한 주체의 개인화의 기회는 자기만의 고유한 태도 지향들을 일반화할 수 있는 능력에 따라 커진다는 체계적 테제를 갖고 있다고 보는 편이 더 적절한 이해이다. 그렇게 본다면 욕구, 이해관심사, 명예의 순서로 이루어지는 개인화 과정은 점진적인 탈중심화 과정과 일치하는 단계적 도식을 의미할 것이다. 물론 헤겔을 따를 때 주체의 이 탈중심화 과정은 [그 주체가 자신이 속한 해당] 구체적인 공동체의 일반적 이해관심사들에 닿게 되는 선까지만 유의미하게 진행될 수 있다. 왜냐하면 헤겔은 칸트의 정언명령이 요구하는 바와 같은 엄격한 [추상적] 일반화는 사회적 생활 세계가 모든 보편화 가능한 규범들과 실천들을 완전히 상실해 버린 이례적인 경우에만 적합하다고 믿기 때문이다.

이 마지막 생각들과 함께 우리는, 사실상 우리가 주목해야 할 문제가 담긴 이론적인 영역 안으로 이미 들어왔다. 여기까지의 내 해석은 일단, 헤겔이 모든 근대적 형태의 인륜성의 핵심을 이루는 저 세 가지 상호작용 영역들의 위계 관계를 주장하기 위해 어떤 체계 독립적인 근거들을 제시하고 있는지를 해명하기 위한 것이었다. 앞서 보았듯이 이 문제의 답은 '저 세 영역들 서로 간의 지위는 이성적인, 즉 탈중심화된 형태의 주관성 형성에 기여할 수 있는 그것들 각각의 능력에 따라 평가된다'라고 하는 체계적 테제에 있었다. 하지만 「인륜성」 장이 던지는 모든 문제의 핵심은, 오직 이 세 영역만을 근대 사회에서 개인적 자유 실현을 보장해 주는 사회적 실천 영역들로 꼽은 헤겔의 모험적인 결단에서 비롯된다. 그러므로 긴급한 문제는 이 영역들이 서로 어떤 위계질서를 이루는가가 아니라, 그 영역들 각자가 저마다 인륜성의 사회적 구현체로서 적합한가에 있다. 우리가 앞서 이 서로 다른 세 영역의 인식론적 성질에 관해 숙고했던 바가 이 문제의 첫 번째 답으로 가는 열쇠이다. 이 측면에서 시작하면 우리는, 헤겔이 인지적 양식, 인정의 형식, 자기실현이 이 세 영역 안에서 각기 어떻게 결합돼 있다고 보는지를 추적

해 나갈 수 있기 때문이다.

6. "인륜성"의 과잉 제도화: 헤겔적 단초의 문제들

지금까지의 고찰에 따르면 헤겔은, 자신이 부각시킨 이 세 영역들에서는 각기 특정한 유형의 인식이 지배적일 뿐 아니라, 이 인식 유형들은 특정한 형태의 주관성과 맞물려 있다고 확신하는 것 같다. 이런 인지적 양식들, 즉 이런 세계 연관의 방식들과 세 가지 개별 영역들을 특징짓는 행위의 양식들을 서로 결합시키는 것은 쉽게 수긍할 수 있는 바이다. (나는 앞에서 각 개인성 단계와 특정한 인식 형식의 내적인 맞물림을 지적하면서 자명하다는 듯이 '언어작용'Sprachspielen에 관해 언급했었는데, 이 언어작용 또한 [인륜적 영역 안에서는 인식과 행위가 결합돼 있다는] 사실을 잘 보여 준다.) 이렇게 암시된 사실은, 헤겔이 '인륜성'의 규범적 재구성의 시작 부분에 배치한 사회 영역[인 가족]에서 가장 쉽게 확인된다. 여기서 헤겔은 가족을 외적 강제로부터 해방된 친밀성의 내적 공간으로 보는 자기 시대의 경향을 따름으로써 우선 우리에게 익숙한 다음의 규정들에 도달한다. 가족 성원들 간의 소통, 즉 부부 간의 소통이나 부모와 자식 간의 소통은 자연적 존재Naturwesen로서의 인간에게 전형적인 욕구들을 충족시키는 데 기여한다. 그런 한에서 여기서 개별자는 소속된 개인들 모두를 보살피고 보호하는 것을 두드러진 목적으로 하는 공동체의 구성원으로 출현한다. 하지만 헤겔은 이 성격 규정만으로는 가족이 왜 인륜성의 영역인지를 설명할 수 없다는 사실을 잘 알고 있다. 어떤 특정한 행위 실천을 규범적으로 인륜적인 것이라고 칭하기 위해서 요구되는 기준들 가운데 어떤 것도 아직 적용되지 않았기 때문이다. 그러므로 헤겔은 "가족" 절의 실질적인 핵심을 이루는 곳에서, 근대의 가족을 인륜적 상호작용 영역으로 만들어 주는 성질들을 제시하기 위해 서두른다. 여기서 그는 행위와 인식의 내적 결합을 분명하게 드러내 주는 규정[인 사랑]으로부터 논의의 출발점을 끌어낸다. 가족은 서로에 대한 사랑의 형태로, 즉 "내가 타인과, 타인이 나와 통일되어 있음"을 "느끼는"(158절 보론) 상호작용의 형태로 "자연적인" 욕구 만족이 이루어지는 곳이다. 이것이 가족을 "인륜성"의 한 "계기"가 되도록 만들어 주는 독특성이다. [사랑이라는] 이 행위 형식에서는 앎과 함, 즉 인지적 태도와 행동이 서로 거의 분리될 수 없을 만큼 붙어 있어서 하나가 오직 다른 것에의 연관을 통해서만 설명된다. 어떤 타인을 사랑한다는 것은, 그 사람이 없다면 "나는 결핍되고 불완전하다고 느낄 것"(158절 보론)이라는 사실을 의식하면서 그에게 태도를 취한다는 것을 의미하기 때문이다. 그리고 그런 의식을 갖는다는 것은, 내가 사랑하는 그 사람을 '신뢰'와 '결속'을 특징으로 하는 방식으로 대한다는 것을 의미한다(163절). 그런 한에서 사랑은, '우리'는 서로에게서 독립하면 불완전한 주체일 것이기 때문에 '통일'체로서 시로에게 속한다는 앎이 "느낌들"의 형태로 포함되어 있는 행위의 형식에 해당한다.

　"가족" 절의 처음 몇 단락들의 본질을 이루는 이 하나의 규정 안에 헤겔이 가족을 인륜성 영역으로 설명하기 위해서 필요한 모든 기준들이 다 들어 있다. 이 영역 안에서는 당연히, 앞서 '도야'라는 개념으로 제시되었던 조건 역시 충족된다. 폴 레딩Paul Redding이 올바르게 지적하듯, 헤겔에게 가족은 '타인을 대체 불가능한 개별자로 본다는 것'이 무엇을 의미하는지를 배우고 익히는 "인지적인 맥락"을 이룬다.[44] 헤겔에 따르자면 친밀한 관계들의 가치 지향 언어evaluative Sprache를 습득하는 것이 아이의 도야 과정의 일차적 과제이다. "아이의 양육Erziehung은 가족관계의 견지에서 볼 때 긍정적인 규정을 갖는다. 아이들 속에서 인륜적인 것은 대립 없는 직접적인 느낌의 형태를 띠며, 인륜적 삶의 토대인 가족 안에서 아이의 마음은 사랑, 신뢰, 복종 안에서 그 첫 번째 생을 살기 때문이다"(175절). 이런 생각과 관련해 헤겔은 정신분석학적인 대상관계 이론을 선취하는 것처럼 보이는 표현들도 사용한다. 이를테면 헤겔은 아이가 엄마의 젖을 먹음으로써 "엄마와의 하나됨이 본성이 된다"고 말하기도 한다(175절, 보론).

하지만 '가족'이 얼마나 인륜성 영역의 기준들을 충족하는가 하는 문제와 관련해서는, 헤겔이 사랑에 대한 규정에서 끌어내는 다른 결론이 더 중요하다. 앞에서 우리는 인륜성 영역은, 그 도덕적인 전제들 덕분에 인정을 표현할 수 있는 소통의 형식 또한 핵심으로 한다는 점을 확인했었다. 그리고 이 도덕적 전제들의 내용에 관한 한 헤겔은 각 영역 특유의 권리와 의무 들을 중시했다. 그 권리와 의무 들이 한데 모여서 사람들이 서로를 고려하는 어떤 특수한 방식을 이룬다[는 것이 헤겔

---

44 Paul Redding, *Hegel's Hermeneutics*, Ithaca & London: Cornell University Press 1996, p. 191 이하.

의 생각이었다]. 이제 헤겔은 이런 형태의 소통 형식을 그리기 위해서, 지금까지 제시된 가족의 규정들에다가 단 하나의 요소만 더 보충하면 된다. 가족 성원들이 상호적으로 타인의 대체 불가능성을 안다는 의미에서 서로에게 사랑을 느낀다면, 이는 특정한 형태의 고려를 포함하는 태도 방식들, 즉 도덕적 성격을 띠는 태도 방식들로 나타나게 된다. 그리고 여기에서 한 사람은 타인에게 대체될 수 없는 사람으로 여겨진다. 그러므로 가족 안에서의 이 고려는 한 개인의 유일무이함Einzigartigkeit을 촉진하는 데 필요한 상호 '원조'Beihilfe를 제공해 주는 고려여야 한다. 헤겔이 내적으로 특정한 의무와 권리 들을 핵심으로 하기 때문에 상호 인정을 표현한다고 보는 그러한 실천들이 바로 원조, 보살핌, 후원이다. 만약 우리가 [이런 형태로] 상호적으로 행위하면서 도덕 규범들을 따른다면, 우리는 서로를 유일무이하게 가치 있는 주체라고 인정하는 것이다. 즉 서로가 없다면 우리는 "결핍되고 불완전하다"고 느낄 것이므로 우리는 서로에게 유일무이한 주체들이라고 말이다.

이 마지막 말은 왜 가족 안에서의 상호작용이 궁극적으로 개인적 자기실현의 사회적 장소에 해당하는지에 관한 결정적인 단서를 준다. 이제 헤겔은 가족의 소통 안에 자유실현의 첫 번째 계기가 있다고 말하기 위해서, 지금까지 자신이 분석한 다양한 실마리들을 연결해 묶기만 하면 된다. 가족 안에서 각 주체는 상대방 없이는 "불완전"하다고 느낀다. 긍정형으로 말하자면, 이는 주체가 이 형태의 상호작용에서 일종의 자기완성에 도달한다는 것, 즉 "그 타인 안에서" 자신을 "얻는다"는 것을 의미한다(158절 보론). 헤겔이 가족을 개인적 자기실현의 영역이라고 확신하는 까닭은, [가족이] 사랑을 통한 충동의 만족[이 이루어지는 곳], 즉 우리의 바람들이 상호적으로——경향성의 양분을 먹고——충족[되는 곳이기] 때문이다. 여기서 우리는, 타인이——나의 경향성, 충동, 욕구 들 가운데 특히——"느끼는"empfindende 자연적 존재로서의 나를 이루는 경향성들, 충동들, 욕구들을 자발적으로 승인해 주기 때문에, 자아의 한 부분을 실현한다. 그리고——마치 자신의 인륜성 구상의 치료적 핵심을 상기시키겠다는 듯이——헤겔은 "결혼"에 대해서 설명하면서 다시 한번 "자기 제약"을 통한 "해방"의 형식적 구조를 강조한다. "(결혼의) 객관적인 출발점은 두 사람의 자유로운 동의이다. 그것도 한 사람을 이루겠다는 동의, 즉 이 통일 안에서 자신들의 자연적이고 개별적인 개인성Persönlichkeit을 포기하겠다는 동의이다. 결혼은 이 견지에서 보자면 자기 제약이다. 하지만 마찬가지로 그들은 이 자기 제약 안에서 그들 자신의 실체적인 자기 의식을 얻으니, 결혼은 그들의 해방이다"(162절).

인륜적 영역을 규정하는 기준들이 가족에 대한 헤겔의 분석 안에서도 그대로 발견되는지 확인하려는 우리의 원환적 시도는 방금 이 말과 함께 마감된다. 앞서 인륜적 소통 영역의 필수 성분으로 도출되었던 모든 것들이 가족 내의 상호작용 양식에 관한 묘사에서 되풀이된다. 즉, 가족성원들은 특정한 유형의 원조와 배려를 통해서 상대의 대체 불가능성에 대한 인정을 표현할 때——그리고 오직 그럴 때에만——경향성과 욕구에 입각한 자기실현에 이를 수 있다. 동시에 이 소통의 관계는 구조적으로 도야의 과정을 포함한다. [가족 안의 원조와 배려의 소통

관계 안에서] 성장하는 아이들은 친밀한 관계들의 가치 지향적 언어를 다루는 법을 배우기 때문이다. 이런 이례적으로 밀도가 높고 설득력 있는 분석에서 유난히 도드라지게 우리 이목을 끄는 점은 헤겔이 가족의 노동분업에서 여성의 역할에 관한 한 너무도 많은 편견들을 받아들이고 있다는 것이다. 166절에서 헤겔은 남성의 "현실적인 실체적 삶은 국가, 경제, 그리고 그와 유사한 곳"에 있는 반면 여성은 소위 자연적 재능상 육아와 가사에 적합하다는 관념을 수세기 동안 지속시켰던 모든 강력한 은유와 정식 들을 순진하게 늘어놓고 있다.[45] 헤겔의 가족 이론에 강한 가부장적 색깔을 입히는 것은 사실이지만, 몇 가지 결정적인 수정을 가하면 본질적으로 제거될 수도 있을 이런 문제적인 표현들을 제쳐 둔다면, 우리의 이목을 끄는 두 번째 문제는 체계적으로 그보다 훨씬 더 큰 의미를 갖는다. 이 두 번째 문제는 헤겔이 서론에서 참된 자유의지를 설명할 때 '우정'에 얼마나 큰 의미를 부여했는지를 떠올리자마자 눈에 들어온다. 서론 7절의 보론에서 헤겔은 '우정'을, 한 주체가 다른 주체에 의해 '제한'됨으로써 완전한 자유에 도달한다는 사실을 보여 주는 관계의 본木이라고 말했었다. 하지만 인륜성 영역 안의 '느낌의 단

---

45 다음 문헌은 이 문제를 요약적으로 개괄한다. J. P. Mills, "Hegel and the Woman Question", *The Sexism of Social and Political Theory: Woman and Reproduction from Plato to Nietzsche*, Hrgs. L. Clark & L. Lange, Buffalo: University of Toronto Press, 1979, pp. 74~97. 그에 반해 이 문제군 안에서 헤겔을 살려내려는 시도로는 다음 연구를 참고하라. T. Nicolacopoulos & G. Vassilacopoulos, *Hegel and the Logical Structure of Love: An Essay on Sexualities, Family and the Law*, Aldershot [u. a.]: Avebury, 1999.

계'를 이루는 이곳 "가족" 절에서 '우정'은 전혀 등장하지 않는다. 자유의 실현에 대한 분석은 시민적 핵가족의 내부 공간으로 제한될 뿐이다. 헤겔이 법적으로 제도화된 형태의 인륜성을 특권화하는 이유를 더 살펴보면, 방금 거론된 이 모순은 해소된다.

첫눈에 보기에는, 지금까지 거론된 내용을 따를 때――가족과 마찬가지로 타인의 대체불가능성에 대한 인정을 표현하는――또 다른 상호작용 형식인 '우정'이 인륜성의 첫 번째 영역 안으로 삽입되지 못할 까닭이 없는 것 같다. 친구들도 그들의 관계 안에서――자신들의 개인적 욕구가 전개되고 표현될 수 있도록 북돋아주는 호의와 지지의 도덕 규범을 통해 상호작용함으로써――자아의 한 부분을 실현하기 때문이다.[46] 그리고 우정이 인지적인 도야의 잠재력을 갖고 있다고 말하는 것 또한 과장이 아니다. 장 피아제Jean Piaget의 초기 연구들에 따르자면, 아이들은 또래 친구들과의 놀이를 통해서 공평한 도덕의 기본 범주들을 습득한다.[47] 그러므로 우정이 도덕적인 판단력 발달에 구성적인 역할을 행한다는 최근의 도덕 심리학적 연구들은 우연이 아니다.[48] 마지막으로 우정을 인륜성의 영역에 삽입시켰더라면 헤겔은 인륜성의 첫 번째 영역을 단 하나의 관계 형식으로 축소시키지 않아도 된다는 이점

---

46 대표적으로, Lawrence A. Blum, "Freundschaft als moralisches Phänomen", *Deutsche Zeitschrift für Philosophie* 45 (1997), pp. 217~234.

47 Jean Piaget, *The Moral Judgement of the Child*, London: Routledge & Kegan Paul, 1932.

48 Monika Keller, "Moral und Beziehung: eine entwicklungspsychologische Perspektive", *Deutsche Zeitschrift für Philosophie* 45 (1997), pp. 249~265.

도 누릴 수 있었을 것이다. 뿐만 아니라 소통적 근본재화들을 묘사하는 가운데 구축된 그의 정의론도 당대의 사회적 여건에 너무 밀착되지 않은, 보다 폭넓게 적용될 여지를 가진 정의론이 될 수 있었을 것이다. 하지만 이 모든 자명한 이유들에도 불구하고 헤겔은 더 나은 방향으로 나아가지 않았다. 위대한 우정의 이론가 아리스토텔레스에게 평생토록 경탄했음에도 말이다. 인륜성의 첫 번째 장을 이루는 23개 단락 안에서 우정은 단 한 번도 언급되지 않으며, 서술은 철저하게 가족의 상호작용 형식을 설명하는 데에만 할애된다.

헤겔은 자신의 이런 결정을 정당화하기 위해서 『법철학』에서 두 가지 중요한 근거를 제시한다. 첫 번째 근거는 이 책의 전체 구성과 연결돼 있기 때문에 "가족" 절에서 따로 언급되지 않는다. 반면에 두 번째 근거는 "사랑"의 행위 양식에 대한 서술과 밀접하게 맞물려 있기 때문에 "가족" 절에서만 전개된다. 먼저 헤겔이 자신의 첫 인륜성 논의를 가족으로 제한하기 위해 제시하는 첫 번째의 일반적 근거를 이해하려면 '인륜성' 이론 전체와 결합돼 있는 그의 의도를 다시 한 번 간략하게 떠올려 볼 필요가 있다. 우리가 앞서 확인했듯이, '인륜성'이라는 제목 아래에서 규범적으로 다뤄져야 할 것은 역사적으로 이미 주어져 있는 상호작용 관계들이었다. 모든 주체들이 자유를 실현할 수 있기 위해서는 그것을 사용할 수 있어야 하고 그에 참여할 수 있어야 한다는 의미에서, 근대 사회들의 '근본재화들'로 이해되는 그런 상호작용 관계들 말이다. 그리고 자유의 조건을 보다 상세히 규정하자면, 근본재화여야 할 이 상호작용 영역들에 특유한 성질들은 다시 자기실현, 인정, 도야의 맞물림이라는 공통분모로 환원될 수 있어야 했다. 헤겔은 이런 전제들로부터 다음의 결론을 끌어낸 것처럼 보인다. 근대 사회의 상호작용 관계들 중에서도 국가의 조직화 권한 안으로 들어오는, 그러므로 실증법적으로 제도화될 수 있는 상호작용 관계들만이 인륜성의 사회적인 요소들로 파악된다. 그런 국가적인 장악 가능성Zugriffmöglichkeit이 없다면 그 영역들은 지속 가능성, 신뢰 가능성, 창출 가능성의 근거를 확보할 수 없을 것이다. 그런데 [지속 가능성, 신뢰 가능성, 창출 가능성이라는] 이 요건이 갖춰져야만 사용 가능한 자유의 조건들이 될 수 있다. 국가는 인륜성의 세 번째 영역일 뿐이지만 그러면서도 동시에 다른 두 가지 인륜적 상호작용 영역들을 조직하는 틀이다. 따라서 애착과 사랑의 상호성과 관련되는 근대의 소통 관계들 가운데 인륜성의 부분으로 승인될 수 있는 것은 법적으로 이미 제도화된 것, 즉 결혼 계약 안에 정초된 가족뿐이다.

대략 이렇게 정리된 논증은 헤겔이 "가족" 절에서 인륜적 관계로서의 결혼을 다룰 때 다시 한번 구체적으로 반복된다. 이 두 번째 정당화 논증은 초기 낭만주의적 표상을 거론하는 데서 출발한다. 이 낭만주의적 표상에 따르면 결혼은 서로를 향한 긍정적 감정과 열정의 상호성에만 토대해야 한다. 결혼을 이렇게 파악하는 감정의 모델Gefühlsmodell에 반대하면서 헤겔은 앞서 도덕성 비판의 맥락에서 낭만주의적 주관성 이념에 반대해 피력한 바 있던 주장을 고수한다. 오직 주관적인 감정적 느낌에만 몰두한다면 관계──자기 관계든 상호작용의 관계든──는 결코 안정적일 수도 견고할 수도 없다고 말이다. 이런 생각에 입각해 그는 161절의 보론에서 다음과 같이 쓴다. "마찬가지로 비난 받아야 할 제3의 [낭만주의적] 표상, 결혼을 감정적인 사랑으로만 치환하는 표상은 모든 견지에서 우발성에 열려 있다. 이는 인륜적인 것이 가져서는 안 될 형상이다. 그러므로 결혼은 법적으로 인륜적인 사랑으로 더 상세하게 규정되어야 한다. 감정적인 사랑의 일시성, 변덕성, 단순한 주관적 측면이 결혼으로부터 배제될 수 있도록 말이다." 왜 인륜성이 "우발성"의 "형상"을 가지면 안 되는 것이냐고 물으면 헤겔은 다음과 같이 답할 것이다. 실증법적으로 틀 지워지지 않으면 인륜성은 모든 주체들에게 보장되어야 할 안정적인 자유 조건을 줄 수 없다. 따라서 근대 사회의 어떤 소통 관계들은 주관적인 행위 동기들을 넘어서는 사회적 안정성 ——즉, 법적 규제를 통해서만 보장될 수 있는 사회적 안전성 —— 을 가질 때에만 자유 실현의 영역이라고 말할 수 있다. 그런 한에서 헤겔이 인륜성의 첫 번째 영역 안에서 단 한 종류의 사랑의 관계 ——즉, 결혼 계약을 통해 법적 제도의 형식을 얻었고 그로써 "열정"의 "열기"(162절)에서 벗어난 사랑 관계 ——에게만 자리를 내주[면서, 우정이라는 상호관계의 형식을 배제하]는 것은 논리적으로 일관된 처사일 뿐이다.

그럼에도 불구하고 우리는 이 두 가지 논증을 보면서 헤겔이 이렇게도 고집스럽게 실증법적 제도화의 필연성을 강조한다는 사실에 놀라움을 금할 수 없다. 앞에서 그는 '인륜성'을 "제2의 자연"이라고, 그러므로 전적으로 안정적인 것이라고 소개한 바 있기 때문이다. 그렇다면 상호주관적으로 공유된 일상화된 패턴들, 습관들, 즉 '관습'의 형태를 띠게 되었으므로 이제는 더 이상의 급격한 변화에 휘둘리지 않을 그러한 행위 실천들 또한 어떤 면에서는 '제도들'이라고 말할 수 있을 것이다. 이런 행위 실천들은 국가의 법적 규제들 안에 닻을 내리고 있지는 않지만, 그럼에도 불구하고 우리 감정의 "변덕스러움"에 따라 끝없이 휘둘리지 않을 수 있을 만큼은 충분히 '견고'하고 '안정적'이다.[49] "관습" 개념으로 자신에게 잘 알려져 있던 이런 "제도"의 표상을 따랐더라면 헤겔은 —— 계약도, 한갓된 주관적 감정도 아닌 —— 일상화된 행위 습관들을 가족의 "실체"로 파악할 수 있었을 것이다. 그리고 또 헤겔은 당연히 —— 국가적으로 규제되는 제도는 아니지만, 문화적으로 운영되는 사회적 행위 '제도'임에는 틀림없는 —— "우정"이라는 상호작용 양식을 인륜성의 첫 번째 영역 안으로 포괄할 수 있었을 것이다. 헤겔이 이 길을 가지 않고, 실증법적 가족 제도로만 논의를 제한한다는 사실은 그러므로 내가 앞에서(111쪽을 가리킴 — 옮긴이) 제시했던 논거 안에 들어 있던 다른 측면과 관련된 것이어야 한다. 즉 헤겔이 국가[적인 적법성의 체계] 안에 안착된 인륜성 그림에 매달리는 까닭은, 행위 실천들의 안정성이나 "견고성"[등과 연관된 지속 가능성, 혹은 신뢰 가능성] 때문이 아니라 창출 가능성, 즉 행위 실천들이 적절한 개입/감독 Eingriffe 을 통해 사회적으로 생성될 수 있어야 한다는 관점 때문일 것이다. 그렇다면 헤겔의 논증은 대략 다음과 같이 이해되어야 할 것이다. 인륜성

---

49 제도 개념을 이렇게 인간학적으로 도입하는 연구로는 다음을 참고하라. Arnold Gehlen, *Urmensch und Spätkultur*, Frankfurt & Bonn: Athenäum Verlag, 1964, Teil Ⅱ.

의 상이한 영역들은 모든 주체들이 자유를 위해 대등하게 참여할 수 있는 사회적인 상호작용 관계들로 여겨야 하므로 그것들은 국가적인 법 정립을 통해 일반적으로 통제될 수 있는 공적 재화여야 한다. 그러한 국가적인 개입/감독 가능성이라는 전제하에서만, 인륜적 영역들의 존속 가능성은 물론이고 모든 사회 성원들의 그 영역에로의 제약 없는 접근 가능성이 보증될 수 있기 때문이다. 우리가 앞에서 헤겔의 권리 개념을 도입했던 곳에서 사용했던 용어들을 이용해 이 논증의 요지를 정식화해 보자면 다음과 같다. 상이한 인정 영역들의 사회적 실존의 권리는 국가의 실증적 법 정립에 묶여 있을 때만 적절하게 보장될 수 있다.

인륜성의 첫 번째 영역을 환원주의적으로 파악할 때 헤겔이 이 논증을 따라가고 있는 것이라면, 이 역시도 사회적으로 주어져 있는 자유 조건들의 "인륜적" 성격을 훼손하는 결과로 이어질 것이다. 인륜성 영역 전체는 역사적으로 자라난 합리적 행위 습관들의 구현물로 파악되어야 한다고 강조했던 사람은 다름 아닌 헤겔 자신이었다. 그러므로 근대의 소통 관계들 가운데 핵심부인 인륜성 영역은 결코 고정불변의 것으로 여겨져서는 안 된다. 그렇게 되면 이 영역 특유의 조형성이 사라져 버리기 때문이다. 또한 이 영역은 그저 국가적 법 정립을 통해 관리되는 대상들로 여겨져서도 안 된다. 그렇게 되면 이 영역은 '관습'으로서의 성질, 즉 습관의 도야라고 하는 결코 완전하게 규제될 수는 없는 성질을 상실해 버리기 때문이다. 따라서 인륜성 영역은 사회적 근대화의 과정 안에서 형성된 소통 관계들, 즉 우리의 동기 체계 안에 충분히 닻을 내린 습관들이기 때문에 분명히 제도적인 성격을 가지면서도 내적 변화와 새로운 적응에 열려 있는 그런 소통 관계들을 포괄해야만 한다. 이런 식의 [소통 관계들이 구현되는] 상호작용 영역들도 헤겔이 제시한 모든 인륜성의 기준들을 다 충족시킨다. 물론 이런 형태의 상호작용 영역들이 법체계로부터 어떤 지원을 받는 것은 사실이다. 법의 정립을 통해 이 영역들에 해당하는 어떤 틀 조건들이 만들어질 수 있으니까 말이다. 그러나 이 영역들을 법적으로 조직된 제도들과 완전히 동일시하는 오류를 범해서는 안 된다. 헤겔은 인륜적 영역이 적절한 법적 전제들의 확립을 필요로 한다는 정황과 [인륜성의 영역을] 국가적으로 규제되는 계약 위에서만 존속될 수 있는 제도의 사실[로 바라보는 그림을] 정확하게 구분하지 않는다. 이 둘을 정확히 구분할 수 있었더라면 헤겔은 인륜성의 첫 번째 영역을 결혼 계약 위에 세워진 가족이라는 단 하나의 제도로만 제한하지 않고 다른 개인적 관계들의 작용형식들 또한 포함할 수 있도록 열어 둘 수 있었을 것이다. 헤겔은 사랑의 상호성을 통한 자기실현이라는 그 자신의 포괄적인 직관을, 완전하게 발전된 제도라는 그림으로 환원하지 말았어야 한다. 그랬다면 헤겔은 오히려 더 일관되게 자신의 의도를 발전시킬 수 있었을 것이다. [사랑의 상호성을 통한 자기 실현이라는] 그 핵심 직관만으로도 헤겔은 충분히, 첫 번째 영역의 상호작용 관계들을 —— 오늘날의 상황에서 볼 때 꽤나 진부해 보이는 —— 시민적 핵가족에만 매어 두지 않고 훨씬 더 추상적인 수준에서 묘사할 수 있었을 것이다. 이렇게 그림이 약간 수정되었더라면 우리가 앞서 거론했던 '규범적 재구성'은 법적으로 제도화된 소여들이 아니라 근대의 사회적인 가치 영역들을 재구성하는 작업을 의미했을 것이다. 상호 인정과 개인적 자기실현의 특정한 맞물림과 협업을 이념으로서 지향하는, 사회적인 가치 영역들을 재구성하는 작업 말이다. 그랬다면 헤겔은 근대 사회는 다양한 형식의 제도화를 위한 충분한 여백과 공간을 제공해 주는 인정 영역들의 복합체라고 정의할 수 있었을 것이다.

이제 우리는 헤겔의 전체 기획에 관한 첫 번째 귀결들을 도출해 낼수 있는 지점에 도달했다. 하지만 그런 요약 결론을 끌어내기에 앞서우리는 헤겔이 인륜성의 다른 두 영역, '시민사회'와 '국가'에 결부시킨윤리적 숙고의 내용들을 최소한 대략적으로라도 그려 보아야 한다. 이두 영역 안에서의 자기실현, 인정, 도야의 내적 연관을 묘사하는 데까지만 논의를 제한하기로 하자. 헤겔이 '시민사회'를 인륜성 영역 안으로들여올 때 품고 있던 핵심 직관은, 앞서 세 가지 인륜적 영역이 위계를이루는 까닭을 해명할 때 확인되었듯이, 서비스와 상품이 시장을 매개로 교환되는 이 '욕구들의 체계' 영역에서 주체들은 자신의 무엇을 실현한다는 것이다. 이 무엇을 헤겔은 '욕구'라는 말로 부르고 있지만 그보다는 '이해관심사'Interesse라고 칭했더라면 더 좋았을 것이다. 이 영역에서의 주요한 문제는 한편으로는 나와 상호작용하는 상대방의 욕구에 대한 고려 없이 형성된, 또 다른 한편으로는 경제적으로 획득 가능한 재화들에다 원칙적으로 초점을 두는 그러한 바람, 의도, 열망 들의만족이기 때문이다.[50] 그런 한에서 헤겔에게 이 영역——즉 근대가 이

---

50 헤겔의 '시민사회'론을 구성하는 그러한 '이해관심사'들의 형성에 관해서는 알베르트 히르쉬만의 고전적인 연구를 보라. Albert O. Hirschmann, *Leidenschaft und Interessen. Politische Begründungen des Kapitalismus vor seinem Sieg*, Frankfurt am

룩한 규범적 성취를 사회윤리학적으로 치하하기 위해서 삽입시킨 이 시민사회라는 영역——은 다만 간접적인 일반성의 장소에 해당한다. 여기서는 결속 없는 개별 주체들이 상호 교류에 관한 계약을 체결하기 위해 만난다. 그리고 이 계약의 이행은 각자의 이해관심사를 실현할 수 있는 개인적인 수단을 마련해 줄 뿐, 쌍방에게 그 이상의 중요한 의미를 갖지는 않는다. 가족 안에서는 모든 구성원이 둘 사이 혹은 셋 사이의 정서적 합일 안에서 자기실현에 이르기 위해 그들의 자립성의 한 부분을 포기해야만 했다면, 시민사회의 모든 개인은 자신의 특수성을 고집한다. 끝없이 바뀌는 교환 상대자를 매개로 자신의 그 특수성을 충족시키기 위해서 말이다. 그러므로 주체들이 이 영역에서 자신들의 특수한 이해 관심사를 실현하고자 할 때 상호 간에 인정해야 할 것은, 계약의 의무 부과적 성격을 알 수 있고 계약이 요구하는 행위를 실행에 옮길 수 있는 서로의 능력뿐이다. 그런데 이러한 상호인정은——사랑의 경우에서도 그랬던 것처럼——여기 [시민사회의 문맥]에서도 그것 홀로 따로 분리된 어떤 고유한 태도를 지칭하는 것이 아니라, 해당 행위 실천에 참여함과 동시에 받아들인 규범적 전제를 가리킨다. 따라서 '가족' 안에서 정서적 애착이라는 전제하에 자기실현과 상호 인정이 내적으로 서로 맞물려 있었던 것처럼 "시민사회"에서도 이 둘은 내적으로 교차된다. 즉 한 주체는 자신의 주변인들을 계약 상대자로, 즉 계약 내재적인 의무들을 규범적으로 지킬 수 있는 능력을 가진 자로 인정할 때

Main: Suhrkamp Verlag, 1980, 특히 Erster Teil.

에만 자신의 특수하고 고유한 이해관심사들을 실현할 수 있는 것이다.

그리고 헤겔은 "시민사회" 절의 여섯 번째 절(187절)에서 벌써 [이런 생각들을] '도야'의 이념과 연결시킨다. 경제적 시장에서 벌어지는 사회적 교류 행위들이 개별 주체들에게 그들의 고유한 욕구를 얼마나 많이 '다듬어 개작'durcharbeiten하도록 요구하는지를 보임으로써 말이다. 자연적 욕구들을 교환 안에서 실현 가능한 이해관심사로 변형하려면, 충동을 유예할 수 있는 능력 이상이 요구된다. 즉 [주체는] 거래가 완결될 시점까지 만족을 유보할 수 있는 자제의 능력을 갖고 있어야 할 뿐 아니라, 타인에게 그 이해관심사를 고지할 수 있을 정도로 충분히 일반적인 언어로 자신만의 고유한 바람들을 표현할 수도 있어야 한다. 이런 "특수성 매끄럽게 다듬기"Glättung der Besonderheit(187절, 보론)를 일컬어 헤겔은 외적인 필연성에 "자기를 넣어 맞추기"Sichhineinbilden라고 칭한다. 그리고 이를 다시 '해방'의 과정으로 개념화한다. "이 해방은 주체 안에서는 고된 노동이다. 행동거지의 한갓된 주관성, 욕망의 직접성, 느낌의 주관적 자만, 처신의 자의성을 꺾는 고된 노동 말이다. 하지만 이 도야의 노동을 통해서 주관적인 의지는 스스로 자기 안에서 객관성을 얻는다. 그 속에서 주관적 의지가 자신 편에서 홀로 존엄하며 이념의 현실성일 수 있는 그런 객관성을 말이다"(187절). 가족적 삶에의 참여가 정서적인 언어 작용의 습득을 요했던 것처럼, 자본주의적 시장 영역에의 참여는 목적 합리적인 사회적 능력의 훈련을 요한다. 물론 이 두 경우 모두, 필요한 과정의 학습과 해당 능력의 습득은 이 두 영역 안의 행위 실천에의 참여를 통해서 비로소 가능해진다.

헤겔이 시민사회의 조직들 안에서 사회적 해체의 경향을 읽어 낼 정도로 당대의 사정에 해박했다는 것은 잘 알려져 있다. 통제되지 않은 자본주의 시장 영역이 규칙적으로 실업과 대량 빈곤을 산출해 낼 수 있다는 위험을 당대에 헤겔만큼이나 명철하게 꿰뚫어 본 철학자는 없었다. 사회 경제적 현실에 대한 이런 직감력을 갖고 있었기 때문에 헤겔은 지금까지 전개된 논증과 거의 결합되기 힘들어 보이는 몇 가지 생각들을 "시민사회" 장에 추가로 더 도입한다. 즉 헤겔은——마치 시장의 해체적인 경향들에 맞설 무언가를 시장의 고유한 영토 위에다 세우려는 듯——보다 큰 정도의 사회적인 일반화, 즉 공동의 좋음Gemeinwohl을 돌보는 것을 본질적 기능으로 하는 일종의 인륜적 하부체계를 '시민사회' 영역 안으로 조립해 넣는다. 헤겔은 "시민사회" 절에서 "직업단체"Korporation라는 제목 하에서——교환의 간접적인 경로가 아니라——상호주관적으로 공유된 목적설정의 직접적인 경로를 통해 일반적인 것에 대한 감각이 형성되는 특별한 영역을 위한 자리까지도 마련한다. 이로써 개인은 "시민사회의 아들이 되었다"(238절)고 [말할 수 있을 만큼 완전한] 자립적 인격으로 해방되기도 전에 또 다시 중세의 길드를 모범으로 하여 전체 사회의 안녕을 위해서 자기 직업 특유의 덕들을 실행하는 한 단체의 성원이 된다. 이미 그 자신의 시대의 일용직 노동이나 산업 노동에 비추어 볼 때 다소간 시대착오적으로 보이는 직업단체들로부터 어떻게 자본주의 시장의 도덕적 훈육 작용을 기대하는지, 헤겔은 단적으로 나이브해 보인다. "앞서 우리는 시민사회에서 개인은 자기 자신을 보살피느라 타인을 위해 행위한다는 사실을 확인했다. 하지만 이런 의식 없는 필연성은 충분치가 않다. 시민사회는 직업단체 안에서야 비로소 의식된 인륜성, 그리고 사유하는 인륜성이 된다. 물론 직업단체 위에는 국가의 더 높은 감독이 있어야 한다. 그렇지 않으면 직업단체는 굳어버린 채 자기 안에 둥지를 틀어 천박한 결사체로 떨어지기 십상이기 때문이다. 하지만 직업단체란 본질적으로 닫힌 결사체가 아니다. 오히려 홀로 서 있는 사업에 윤리적 의미를 부여하고 이를 그 힘과 명예를 얻을 수 있는 어떤 한 집합 안으로 포섭시키는 것이 바로 직업단체이다"(255절 보론).

우리가 이 서술에서 — 헤겔의 확신에 찬 반대에도 불구하고—길드에 대한 향수 어린 회상만을 보든, 아니면 뒤르켐의 직업집단 개념의 때 이른 선취를 보든, 어떻게 해석되든 간에 이 서술은 체계적인 수준에서 볼 때 『법철학』 안에서 쉽게 해결될 수 없는 문제를 야기한다. 지금까지 우리는 각 인륜성 영역이 어떤 하나의 특정한 사회적 실천의 양식을 핵심으로 하되, 이 사회적 실천의 양식은 그 자신의 편에서 다시금 상호 인정과 자기실현이라는 특유의 맞물림을 본질로 해야 한다는 사실에서 출발했었다. 나아가 우리는 이 해석에 합치되도록 인륜적 영역들을 규범적인 "근본재화들"로 파악했으며, 이 근본재화의 가치는 개인적 자유 실현을 위한 그것의 구성적인 역할에서 나온다고 생각했었다. 마지막으로, 이와 동일한 논의 선상에서 나는 법적으로 안착된 제도들을 우선적으로 봤던 헤겔보다 더 추상적으로 인륜적 '영역들'에 대해 논의하자고 제안했다. 하지만 "시민사회" 절에서 헤겔이 하나의 인륜적 영역을 산출할 수 있는 구성적 역할을 여러 제도에게, 그것도 전혀 상이한 짜임을 가진 [두] 제도들에 공히 부여해 주는 순간, 『법철학』을 되살려 내려는 우리의 이런 해석적 시도에 빗장이 걸린다. 왜냐하면 이로써 헤겔은 인륜성 영역들 각각이 어떤 하나의 상호작용 양식을 중심으로 규정되어 있다고 볼 수 있는 가능성을 허물어뜨리기 때문이다. 그래서 이 영역들을 보다 추상적인 용어로 번역할 수 있는 기회 또한 사라진다. 헤겔이 하나의 인륜적 영역에 규범적으로 서로 이질적이며 심지어는 반대되는 여럿의 제도 형상들을 동시에 부여하기로 강하게 마음을 먹을수록, 이 영역을 하나의 특유한 사회적 행위 실천들의 앙상블로 여길 수 있는 여지는 점점 더 줄어든다. 그러므로 가족의 영역에서는 "사랑"을 하나의 상호작용의 양식으로 새기되, 그 실현의 방식은 [우정의 경우 등을 떠올리며] 가설적으로 달리 생각해 보는 것이 가능했다면, 시민사회 영역에서의 서술은 더 이상 이런 식으로 해석될 수 없다. 왜냐하면 여기서 "직업단체"라는 이름으로 시장의 상호작용 관계 곁으로 들어온 것은, [시장 특유의 상호작용 양식으로 그려졌던 것과] 완전히 구분되는 자기만의 인정규범을 지닌 전혀 다른 소통의 영역이기 때문이다.

헤겔이 '직업단체'라는 중간 영역을 '시민사회'가 아니라 국가의 조직화 영역 안에 배치했더라면 전반적으로 더 현명한 처사였을 것이다. 물론 그런 식의 해결책은 또 다른 새로운 난점을 야기했을 것이다. 직업적인 단체들은 주체들이 국민의 자격으로 소속되는 국가적인 조직이 아니라, 사실상 민간사회Zivilgesellschaft의 '인륜적'인 조직으로 간주되어야 하기 때문이다. 그렇기는 해도 저런 방식으로 논의했더라면 헤겔은 [시민사회라는] 하나의 동일한 영역을 두 가지 완전히 다른 인정 형식으로 토막 내서 첫 번째 것은 시장 매개적인 교류형식과 두 번째 것은 가치 정향적인 상호작용과 연결시키는 낭패를 면할 수는 있었을 것이다. 그러나 헤겔은 이 과다적재의 곤경을 알아차리지 못했으며, 이 때문에 그의 인륜성 이론은 고유한 문제에 휩싸인다. 그의 인륜성 이론 안의 모든 것들은, 세 인륜적 영역 안에서 각기 하나씩의 자유 실현의 상호작용 양식이 구성되도록 설계되어 있다. 그럼에도 불구하고, 이 형식적인 의도는 참으로 구현되지 못하고 만다. 헤겔의 시각이 구체적인 제도 쪽으로 너무 강하게 향해 있었기 때문이다. 헤겔은 '인륜성' 장에서 서로 엄밀히 구분되었어야 할 두 가지 과제를 뒤섞고 있다. 그는 근대라는 역사적 시기에 고유한 개인적 자유의 조건들을 점검하기 위해서 근대 사회의 규범적인 구조를 분석하려고 한다. 그러면서도 동시에 헤겔은 이미 형성되어서 법적으로 정착된 조직체들을 정당화하는 제도 분석 작업을 수행하고 있다. 헤겔이 후자의 과제를 포기했더라면 '시민사회'는 전략적 상호작용에 힘입어 주체들이 사적인 목적을 실현하는 하나의 인정 영역으로 제시될 수 있었을 것이다. 그리고 근대 사회의 성원들이 이런 간접적인 일반성에서 더 나아가 어떻게 보다 높은 정도의 결속에 이를 수 있는가 하는 문제는 따로 떼어 내어, '공적 자유'의 상이한 형식들을 아울렀어야 할 세 번째 영역에서 답할 수 있었을 것이다. 그랬더라면 '직업단체' 또한 길드와 유사한 제도로서가 아니라, 각 주체들에게 일반성에 대한 감각 ——즉 그들 각자의 개인적 활동의 일반성에 대한 감각 ——을 길러 주는 공적으로 매개된 민주주의적인 노동분업의 필요성을 가리키는 제도로 올바르게 그려질 수 있었을 것이다.

헤겔은 당연히 그런 식의 해결책을 강구할 수 없었다. 헤겔은 근대에 대한 자신의 규범적 재구성 작업을 제도 분석이라는 과제와 결합시키고 싶어 했고, 따라서 자본주의 시장의 위기를 제압할 수 있는 제도적 수단까지도 동시에 찾아냈어야만 했기 때문이다. 뿐만 아니라 헤겔은 자신의 세 번째 '인륜성' 영역인 '국가'를 실제로 얼마만큼이나 공적 자유의 관계로 서술해야 하는지에 대해서도 결정을 내리지 못했다. 그 전체적인 경향으로 볼 때 헤겔은 분명히 「인륜성」 장에서 '국가'를 사회 성원들이 공동의 '일반적인' 활동들을 매개로 자기 실현에 이를 수 있도록 해 주는 상호작용의 영역이라고 생각하면서 논증해 나가고 있는 것처럼 보인다. 즉 개별자가 '가족'에서는 사랑의 응답을 통해 자신의 자유를 실현할 수 있고 '시민사회'에서는 자신의 자기 중심적인 이해 관심사들을 실현할 수 있다면, '국가'는 개별자의 "일반적인 삶의 영위"를 위한 영역이라고 생각하면서 말이다(258절). 국가의 인륜적인 의미를 이해하기 위한 열쇳말이기도 한 이 표현으로 [헤겔은] 어떤 협력적인 형태의 실천, 즉 각자가 타인의 활동을 우리의 공동의 목적에 대한 기여로 인식할 수 있는 그런 형태의 실천을 가리킨다. 여기서 주체들은 각자의 행위——그러나 "사유된, 즉 일반적인 법칙과 원칙 들"(258절)에 의해 서로 묶여 있어서 함께 작동하면 일반적인 것의 실현에 기여하게 되는 그런 행위——를 수행함으로써 자유에 도달한다. 이렇게 생각했더라면, 즉 이런 강한 논조의 '공적 자유' 개념을 염두에 뒀더라면, 헤겔은 국가를 쉽게 세 번째 상호 인정의 영역으로 놓을 수 있었을 것이다. 앞서 묘사된 식으로 협력할 때 주체들은 스스로의 활동을 통해 공동선共同善의 산출에 협력하려는 마음가짐과 능력을 가진 자로 서로를 인정하는 것이다. 하지만 헤겔이 "국가" 절에서 이 영역 특유의 인정 관계를 서술할 때, 수평적 관계는 갑작스럽게 수직적 관계로 대체된다. 260절에서 헤겔은 가족과 시민사회의 도덕적인 경험공간을 거쳐온 개별자들이 "스스로 일반자의 관심사에로 이행하거나, 이 일반자를 알고 의지하면서 자신의 실체적인 정신으로 인정하면서 자신의 궁극 목적인 이 일반자를 위해서 활동한다"고 말한다(강조는 호네트). 이 문장에서는 ——주체들이 공동의 활동을 통해서 일반적인 것을 산출하기 위해서 서로를 인정하면서 연결되어 있는 것이 아니라——일반적인 것이 이미 실체적인 무언가로서 주어져 있어서 인정이 '아래로부터 위로' 표출되어야 할 확증을 뜻하는 말처럼 보인다. 물론 이 문장은 개인들이 일반자 안에서 "자신의 실체적인 정신"을 인정한다는 헤겔의 표현을 어떻게 이해하느냐에 따라 달리 해석될 수도 있다. 헤겔의 이 표현은, '국가의 영역이 수많은 개인들에게 ——공동의 목표를 협력적으로 추구하기 위한 전제인—— 상호 공유된 신념과 의도를 인식(하고 인정)할 수 있도록 해준다'는 의미로도 이해될 수 있기 때문이다. 헤겔이 국가 영역을 다룰 때 [무척이나 상이한 입장들 사이에서] 얼마나 심하게 동요하는지는 『법철학』의 마지막 장 여러 곳에서 확인된다. 우선 공화주의적 관점에서 [국가를] 읽는, 한 계열의 논의가 등장한다. [이 계열의 논의는 우선] 자유주의적인 "필요 국가 그리고 오성 국가"*(258절)에 대한

비판으로 시작해서, 적극적인 시민의 의무를 논한 다음(261절), 헌법애
국주의Verfassungspatriotismus의 필요성을 말하는 것으로 마감된다. 이
단락들에서 묘사되는 바는, 정치적 사안에 관련된 상호주관적 실천을
핵심으로 하는 '공적 자유'이다. 그러나 헤겔의 국가 장에서는 이런 [공
화주의적인] 경향과 충돌하는, 국가를 읽는 전혀 다른 독법 또한 발견된
다. 헤겔이 국가 시민들의 역할을 복종하는 신민으로 상술하는 모든 곳
에서 말이다. 가령 257절과 260절이 그런 곳이다. 여기서는 개인들에
게 모든 전통적인 기본권들을 허용하기는 하지만 정치적 협업의 기회
는 주지 않는 권위적 자유주의가 지배적이다. 물론 국가에 대한 헤겔의
이 두 독법 중 어느 쪽에서도, '국가 시민들'이 함께 모여 '일반적인 목
적'에 관해 논의하는 자리는 열리지 않는다. 헤겔의 국가론에서는 정치
적 공공성의 이념이나 민주적 의지 형성의 표상에 관한 미미한 흔적조
차 발견되지 않는다.

헤겔은 자신의 공화주의적 경향에도 불구하고 국가 영역을 민주적
의지가 형성되는 정치적 관계의 지평으로 해석하고 싶어 하지 않았다.

* [옮긴이주] "필요 국가(Notstaat)"란 물질적인 필요(Not)를 조달하고 이에 따른 충돌을 조
정하는 것을 기능으로 갖는 국가를 말한다. 헤겔은 이 개념을 청년기, 즉 예나 시기 이후
로 피히테의 법철학을 비판하기 위해 사용했다. 필요 국가는 헤겔의 용어법으로는 각 개
인들의 물질적인 욕구를 충족시키는 체계인 '시민사회'에 상응하는 단계일 뿐이다. 하지
만, 덧붙이자면, 실제로 피히테는 "필요 국가"라는 용어를 보다 높은 단계의 정의롭고 이
성적인 국가로 이행하기 전 단계에서 거쳐갈 수 밖에 없는 잠정적인 국가형태라는 의미
로 사용한다. "오성 국가(Verstandesstaat)" 역시 "이성 국가(Vernunftstaat)"에 대비하여
낮은 단계의, 즉 앞에서 말한 물질적 필요를 조달하고 조정하는 기능에 국한된 국가를 말
한다.

헤겔이 자유주의자로서 국가 질서의 정당성을 모든 개별 시민들의 자유로운 동의에 달려 있다고 본 것은 물론 사실이다(262절). 하지만 그는 시민들에게 국가 질서의 목적이 무엇이어야 하는가에 관해 공적으로 협의하고 의견을 형성하는, 절차 안의 주권자로서의 집합적 역할을 허락하지는 않았다. 그러나 인륜성 이론을 민주주의적으로 다듬는 것은 헤겔의 『법철학』이 전체적으로 추구하는 정의론적인 목표와 완벽하게 양립될 수 있었을 것이다. [헤겔의 정의론은] 세 가지 인정 관계의 영역들로 구성된 도덕적 질서——즉 자유 보장의 도덕적인 질서——의 틀 안에 담겨 있다. 그러므로 그 맨 마지막 단계, 즉 참으로 정치적인 영역에서의 민주적 의지 형성의 과제라 함은, 자유의 공간들의 제도화에 관해 결정하는 일이었을 테니까 말이다.

악셀 혼네트 교수와의 인터뷰

비규정성의 고통을 넘어 자유의 권리로[*]

선생님의 책 『비규정성의 고통』의 한국어 출간을 기해 이렇게 대담을 허락해 주신 점 감사드립니다. 오늘 대담을 통해 한국 독자들이 선생님 이론의 기본 아이디어들, 그리고 그러한 이론적 궤적을 유발했던 선先 이론적 단초들을 훨씬 깊이 이해할 수 있게 되기를 바랍니다.

우선 제가 오늘 이 대담에서 선생님과 함께 이야기해 보고 싶은 주제들에 대해 짧게나마 개관해 보는 것이 좋을 것 같습니다. 첫 번째로, 그간의 비판 이론 전통에 대한 이야기를 하고 싶습니다. 여기서 출발할 때에만 선생님이 왜 헤겔의 인정 개념에 다시 주목하게 되었는지, 그리고 그 이론적 행보는 과연 어떤 동기로부터 촉발된 것인지 이해할 수 있을 것으로 보이기 때문입니다. 이로부터 우리는 아마도 선생님 이론에 대한 보다 체계적인 물음들을 다루는 두 번째 단계로 나아갈 수 있을

* 이 대담은 2012년 3월 1일과 9일 두 차례에 걸쳐 프랑크푸르트 대학 악셀 호네트 교수의 연구실에서 진행되었다. 인터뷰는 악셀 호네트와 이행남 두 사람이 진행하였으며, 녹취된 인터뷰를 이행남이 우선 그대로 독일어로 원고화하였고 호네트 교수가 해당 내용을 최종 검토했다. 이 최종 검토된 인터뷰 원고를 여기에 한국어로 번역해 싣는다.

것입니다. 여기서는 헤겔주의적인 단초에서 출발하신 선생님의 인정 이론의 근본 요소들에 관해, 그리고 그 요소들이 이 책 『비규정성의 고통』에 과연 어떤 형태로 제시되어 있는지에 관해 말해 보고자 합니다. 또한 선생님의 이 책이 특히나 성숙기 헤겔의 체계적 저술인 『법철학』을 본격적으로 다루는 저작이니만큼, 근대적 권리(법) 제도가 과연 우리의 인륜적 자유에 구체적으로 어떤 의미를 지니며 얼마만큼의 규범적 지위를 차지한다고 보시는지 듣고 싶습니다. 그리고 세 번째 단계에서 인정 이론의 틀 안에서 정초된 인륜적 민주주의의 구상이 오늘날의 정치·경제적 상황에 과연 어떻게 적용될 수 있을지 묻고자 합니다. 그리고 마지막으로 네 번째 단계에서는 오늘날의 헤겔주의적 지평 안에 현존하는 '다수의 헤겔들'을 어떻게 조망하시는지 듣고 싶습니다.

I. 헤겔과 함께 비판 이론을

1. 비판 이론과의 만남

이행남(아래: 이) l 잘 알려진 대로 선생님의 인정 이론은 프랑크푸르트 비판 이론 전통 안에서 형성되었습니다. 이런 점에서 선생님의 이론은 과연 비판 이론을 발전시키려는 시도로 이해될 수 있다고 하겠습니다. 하지만 여기서 '발전'이라는 말은 전통적인 비판 이론의 학적 단초들을 단순히 연속적으로 계승하면서 자기화하는 것을 의미하지는 않을 것 같습니다. 종래의 프랑크푸르트 학파 안에서 수행되어 오던 규범적 사회 비판의 기획을 인정 이론적 관점에서 전개하려는 선생님의 시도는 오히려 기존의 '비판 이론' 전통과 '비판적'으로 대결한 결과로 보는 편이 더 정확해 보입니다. 종래의 프랑크푸르트 학파의 비판 이론을 **계승**하기 위해서 그것과 **대결**하는 이러한 이중적 관계야말로 선생님의 이론 전체를 아주 강력하게 특징 짓는 듯합니다만…….

악셀 호네트(아래: 호네트) | 네, 전적으로 옳습니다. 게다가 저는 어떤 하나의 방향선을 연속적으로 따라가면서 프랑크푸르트 학파와 대결한 것도 아닙니다. 일전에는 보다 작은 관심사에 불과했던 것이 서서히 불거져 나와, 분명 예전에는 보다 강한 관심사였던 문제를 밀어내는 식이었다고 해야 옳을 것 같네요. 이런 의미에서 저는 항상 비판 이론으로 되돌아가지만 늘 새로운 관점에 따라서 그렇게 한 것이었다고 할 수 있겠죠. 그런 한에서, 제가 프랑크푸르트 학파의 전통을 연속적으로 발전시키면서 계승했다고는 말할 수 없을 것입니다.

이 | 그렇다면 당초 비판 이론에 관심을 갖게 되셨던 특별한 학적 동기가 있었습니까? 이 이론적 지형으로 선생님을 인도했던 어떤 고유한 관점이랄까, 그런 것 말이죠…….

호네트 | 프랑크푸르트 학파와의 첫 만남은 사실 몹시 빨리 찾아왔어요. 이미 대학 첫 학기에 말이죠. 당시 저는 너무나 독단적인 것으로 보였던 맑스주의로부터 벗어날 수 있을까, 과연 비판적 자기 이해의 전혀

다른 원천들을 길어 낼 수 있을까, 그 이론적 가능성들을 모색하고 있었죠. 그리고 놀랍게도 당시에 저를 사로잡았던 첫 번째 저자는 에른스트 블로흐였습니다. 그는 사실상, 좁은 의미로 이해하자면 〈사회조사연구소〉Institut für Sozialforschung의 구성원은 아니었어요. 제가 블로흐에게 사로잡혔던 이유는 그가 자연 개념과 역사 개념 사이의 연관을 다른 저자들보다 훨씬 더 분명하게 보여 주었기 때문이었어요. 그리고 블로흐에게서 점점 벗어나면서 저는 아도르노와 호르크하이머를 만났습니다. 저는 제 대학 시절의 첫 몇 년 간 내내 이들에게 거의 홀려 있었습니다. 순전한 아도르노 숭배기와도 같은 단계를 거쳤다고 해야 할까요? 심지어 대학 시절의 첫 본격적인 레포트와 발제문 들을 아도르노의 문체로 작성할 지경이었으니 말이죠. 물론 그런 글쓰기가 너무나 매력 없는 것임을 이후에 아주 분명히 알게 됐지만요. 그리고 제게 아주 의미가 컸던 발견이라면 단연 하버마스의 저작들이었습니다. 당시 저는 한편으로는 프랑크푸르트 학파의 [사회적] 앙가주망에, 다른 한편으로는 칼 포퍼의 비판적 합리론과 같은 유력한 분석 철학에 관심을 갖고 있었죠. 그런데 하버마스가 당시 수행했던 작업들은 바로 이 두 극 사이의 간격을 메울 수 있는 가능성을 제시해 주었기 때문에, 그의 이론적 행보가 제게는 매우 중요했던 것이죠.

2. 비판 이론에 대한 불만족

이| 그렇다면 열광이 아닌, 불만족스러움에 대해 이야기하자면 어떨까

요? 그러니까 아도르노와 호르크하이머의 부정주의적 문명 이론, 그리고 그 이후 하버마스의 노동과 상호작용 혹은 체계와 생활세계의 이분법적 틀 안에서 전개된 소통주의적 비판 이론이 결함을 안고 있다는 귀결에 이르게 된 경로는 무엇이었는지요? 선생님은 그간 여러 저서를 통해 사회 비판은 사회 현실을 규범적 비판의 대상으로 보아야 할 뿐 아니라 현존하는 사회적 삶의 관계 안에서 해방의 원천을 발견할 수도 있어야 한다고 강조해 오셨지요. 앞서 두 세대에 걸친 비판 이론의 지형 안에서 사회 비판 이론으로서의 이런 중첩적 요구가 충족되지 못했다는 진단에 이르게 된 연유가 무엇인지요?

호네트 | 비판 이론이 어떠한 특정 결함들을 안고 있다는 사실을 깨닫게 된 경로 또한 당연히 그리 단순치 않았으며 결코 직접적이지도 않았죠. 그건 차라리 사회학적 전통, 그러니까 막스 베버와 뒤르켐 그리고 또 퇴니스의 고전 사회학 전통에 보다 심취한 결과였다고 해야 옳을 것 같네요. 당시 저는 베를린 자유 대학의 한 스터디 모임에 참여하고 있었는데, 이 모임은 특히 막스 베버와 탤컷 파슨스를 매우 집중적으로 연구하고 있었습니다. 이 연구가 진행되는 동안 푸코에 대한 관심도 더불어 증대되었는데, 바로 이러한 작업들이 저를 프랑크푸르트 학파의 결함들을 감지하는 데로 이끌고 갔다고 할까요? 사회적인 것das Soziale 에 대한 구상을 전혀 갖고 있지 않았다는 것이야말로 프랑크푸르트 학파 1세대 이론가들의 결함입니다. 그들은 모든 사회적 과정들을 기본적으로 '자연에 대한 인간의 지배'라는 틀에 따라 설명했을 뿐, '사회적 과

정들이 어떻게 사회적 합의 안으로 안착되어 들어와 자리잡는가?'라는 사회 세계 특유의 문제에는 전혀 시선을 두지 않았어요. 이것이 바로 제가 비판 이론의 첫 세대 이론가들에게서 감지한 결함이었습니다. 사람들은 비판 이론이 무엇보다도 우선은 사회학 이론 안에서 성장해 나온 것이라고 생각하곤 하지만, 그럼에도 불구하고 사실 그들에게는 오늘날까지도 우리를 놀라게 만드는 바로 이런 사회학적 결함이 있었습니다. 당시의 첫 세대 비판 이론가들 중 사회학자가 거의 없었다는 점을 생각한다면, 왜 그들이 저런 결함을 갖고 있었는지 쉽게 이해됩니다. 하버마스에게서는 사정이 정반대였죠. 그는 생활 세계라는 개념, 그리고 규범적으로 규제되는 사회적 행위 개념 등, 사회학 전통 안에 자리하고 있던 개념들을 강력하게 개선함으로써, 첫 세대 비판 이론가들이 보였던 바로 저러한 결함을 제거하려고 했습니다. 그런데 그에게서 저는 오히려 반대 방향의 결함을 보았습니다. 하버마스는 사회적 갈등 혹은 투쟁이 사회적 생활 세계를 재생산하는 데 있어 분명한 구성적 의미를 갖는다는 사실을 간과하고 있기 때문이죠. 그러므로 우리는 비판 이론의 두 대변자 그룹의 사이에 어떤 특수한 상보성이 있다고 말할 수 있겠습니다. 이전 세대의 프랑크푸르트 학파에게는 사회적인 것의 영역에 접근할 수 있는 통로가 결여되어 있었던 반면, 하버마스는 이 사회적인 것에 내재해 있는 갈등의 잠재력에 충분히 주의를 기울이지 않았습니다. 그래서 저는 이 두 가지의 결함을 동시에 제거하려고 노력하는 가운데, 제 자신의 관점에 이르게 되었던 거죠.

이ㅣ 알려진 대로 선생님은 비판 이론이 가진 이런 결함들을 제거하기 위해 헤겔로, 그의 인정 개념으로 되돌아갔습니다. 어떤 점에서 헤겔의 인정 개념이 이를 위한 핵심 개념으로 보였습니까?

호네트ㅣ 지금에 와서 제가 어떤 경로로 인정 개념에까지 닿게 되었는지를 차근차근 사후적으로 재구성해 본다는 것은 정말이지 어려운 일이겠습니다만, 제가 헤겔의 인정 개념으로 거슬러 올라갔던 까닭은 아마도 그렇게 하는 것이 사회 갈등이나 투쟁이라는 개념을 가장 잘 전개시킬 수 있는 방안으로 보였기 때문일 겁니다. 저는 당시 푸코의 권력 이론에 점점 더 큰 관심을 갖게 되었는데, 이 이론에 대한 어떤 불만족스러움이 저를 인정 개념으로 이끌었다고 해야 할까요? 푸코에게서 저는 그가 연구했던 투쟁들, 즉 그의 시야에 있던 그 끝없이 지속되는 투쟁들에는 사실상 동기가 결여되어 있다는 인상을 받았습니다. 우리는 푸코가 전해 주었고 묘사한 그 투쟁의 원인이 어디에 있는지, 그것들에 동기를 부여하는 원천이 무엇이었는지 충분히 이해할 수 없었습니다. 이런 불만족스러움이 커져가던 바로 그 시기에 저는 이미 오래전에 시도한 바 있던 헤겔 연구를 재개했고, 어떤 면에선 이 수수께끼를 해결하게 되었습니다. 헤겔이 초기 저작들에서 선보인 "인정 투쟁"이라는 관념은 제 앞에 놓여 있던 저 세 이론적 구상들, 그러니까 아도르노/호르크하이머, 하버마스, 푸코의 결함을 한꺼번에 해결할 수 있는 적합한 수단으로 보였죠. 인정 투쟁이라는 아이디어는 사회적인 것 특유의 성격을 기술하는 데 적합하고, 또한 사회적인 것에 내재하는 갈등의 성격을 주제화하며, 사회적인 것의 특징을 이루는 규범적 투쟁들을 추동하는 하나의 동기 혹은——그렇게 말하기를 원하는 사람이 있다면——유일한 동기를 제공해 주는 것으로 보였던 것이죠.

3. 헤겔에게로

이 | 『인정투쟁』은 헤겔을 현재적으로 유의미하게 복원해 내려는 선생님의 시도가 본격적으로 수행된 첫 번째 저작이었습니다. 당시 선생님은 청년 헤겔에게만 시선을 엄격히 고정하면서 헤겔을 제한적으로 전유해야 한다는 입장이었습니다. 반면 지금 우리가 보는 이 『비규정성의 고통』, 그리고 최근 새로 출간된 선생님의 책 『자유의 권리』는 오히려 『법철학』의 저자인 후기 헤겔에게 강하게 접속하려는 시도입니다. 이는 헤겔을 현재적으로 유의미하게 복원해 내기 위한 선생님의 시도에 있어 근본적인 입장 변화를 뜻하는 것인가요?

호네트 | 『인정투쟁』에 몰두할 당시 저는, 청년기의 헤겔의 문헌들에서만 상호주관적인 아이디어가 전개될 뿐, 성숙기 헤겔은 정신 개념을 위해 상호주관성을 포기했다는 확신을 갖고 있었습니다. 당시의 저작에서 제가, 유일하게 생산적으로 보였던 초기 헤겔에만 전적으로 강하게 몰입했던 이유는 그 때문이었습니다. 이것은 하버마스가 남겨준 헤겔 독법의 유산이었습니다. 물론 당시에 하버마스만이 그런 시각을 대변하던 것도 아니었어요. 베를린 자유 대학에서 제 박사학위 논문을 지도

하였던 미하엘 토이니센Michael Theunissen 또한 정신과 체계의 철학에 몰두하는 후기 저작들에서 헤겔은 초기에 자신이 갖고 있던 흥미로운 상호주관성 이론의 동기들을 잃게 된다는 생각을 펼쳤으니까요. 저는 당시 헤겔에 대한 이런 그림에 완전히 사로잡혀 있었고, 그래서 솔직히 말하자면 저는 『법철학』을 제대로 정독하지도 않았죠. 『인정투쟁』에서 직접적으로 다루었던 문헌들 외에도 제가 더 읽었던 것은 『정신현상학』이었는데, 이는 이 저작이 이행기 저작이었기 때문입니다. 아직은 정신 철학적으로 엄밀하게 체계화되어 있지 않던 시기와 초기 단초들이 해소되면서 체계가 형성되는 시기 사이에 쓰여진 저작이 바로 이 『정신현상학』이니까요.

이ㅣ 그렇다면 어떤 계기로 헤겔의 『법철학』을 인정 이론적 고찰의 대상으로 받아들이시게 된 거죠? 특히 사회 비판적 인정 이론의 전개와 관련해, 헤겔의 법철학적 사유를 전유하려는 시도가 분명한 이론적·실천적 소득을 가져다 주리라고 보시게 된 계기랄까요…….

호네트ㅣ 하버마스와 토이니센이 대변했던 저런 고전적인 해석이 잘못된 것일지도 모른다는 생각이 언제 떠올랐는지는 정확히 가늠하기는 힘듭니다. 제 기억에 아마도 뉴욕의 뉴스쿨New School for social Research에서 했던 헤겔의 『법철학』 세미나가 결정적이었지 않나 싶습니다. 『법철학』 역시도 헤겔의 초기 저작들과 마찬가지로, 인정 개념이 전개되는 저작으로 이해될 수 있다는 것을 처음으로 깨달았던 것이 그때였으니까요. 사실 그 전까지 저는 미국의 헤겔 연구에 거의 영향을 받지 않고 있었습니다. 1990년대에 들어와서야 그쪽의 헤겔 연구 경향들에 주목하게 되었죠. 그러고 나서 미국에서는 초기와 후기 헤겔을 엄밀하게 나누는 식의 독법은 아무 정당한 근거가 없다는 생각이 점차 확산됩니다. 후기 헤겔 또한 객관정신의 체계 안에서 인정 이론을 가지고 작업하고 있기 때문에 그렇다는 것이죠. 그런 시각은 당시 제게는 마치 눈에서 비늘이 떨어져 나가는 것과도 같은 경험이었습니다. 하버마스나 토이니센 같은 선생님들이 고수하던 분리 독법이 유지될 수 없다는 것이 단박에 분명해졌습니다. 그리고 그때 이후로 저는 인정 이론의 개념화 혹은 체계화라는 견지에서 볼 때 『법철학』이 초기 저작에 비해 훨씬 더 내용적으로 풍부하다는 사실을 점차 깨닫게 됐죠. 물론 『법철학』에서는 투쟁 개념이 논의의 중심에서 벗어나 있다는 차이점이 있기는 하지만 말이죠. 지금에 와서 되돌아볼 때 초기 저작과 후기 저작 간의 커다란 차이는 그러므로, 청년 헤겔이 투쟁을 변화의 역사적 힘으로, 또 인륜성의 상이한 단계들을 진전시키는 힘의 핵심으로 도입한다면, 그에 반해 『법철학』의 후기 헤겔은 근본적으로 근대적 시민사회의 지평 안에서만 논증하기 때문에 근대를 산출해 내는 원천으로서의 투쟁이라는 계기가 더 이상 전혀 등장하지 않는다는 것이었습니다. 『법철학』에서는 인정 투쟁이라는 예의 그 몹시도 구성적인 이념이 사라지는 것이죠. 그러므로 저는 헤겔의 후기 저작에서 다시금 바로 이 투쟁이라는 모티브를 강하게 되살려 내는 것이 바로 제 자신의 과제라고 생각하게 됩니다.

II. "인정 투쟁" 그리고 "객관정신"의 인정

4. 비인정과 비규정성, 고통의 두 원천?

이ㅣ 방금 말씀하셨듯, 선생님에게 비판 이론이란 기본적으로 부정의의 경험들에 반대하는 도덕적 투쟁 속에서 해방의 구조를 발견하려는 시도를 뜻합니다. 바로 그렇기 때문에 처음부터 선생님의 인정 이론의 중심에는 고통이라는 개념이 자리하고 있었습니다. 바로 이 연관하에서, 선생님의 초기 시도인 『인정투쟁』과 이 책 『비규정성의 고통』에서 제시되는 고통 개념의 구조적 차이랄까요, 그에 관해 이야기해 볼 필요가 있어 보입니다. 그 차이를 저는 다음과 같이 이해합니다. 『인정투쟁』에서 주요하게 다뤄졌던 부정성은 무엇보다도 세 가지 비인정Missachtung, 즉 무시의 형태였습니다. 따라서 당시의 선생님에게는 어떤 개인 혹은 집단이 인륜적 영역으로부터 배제된 결과 겪게 되는 고통이 중요했다고 볼 수 있을 것 같습니다. 그에 반해 이 책 『비규정성의 고통』에서는 이제, 주체들의 자유로운 자기실현에의 길을 차단하는 부정성은 자유에 대한 잘못된 '인식'에서 유래하는 것으로 이야기되고 있습니다. 즉 법적 자유 표상이나 도덕적 자유 표상처럼 다분히 일면적이고도 "비규정적"unbestimmt인 이해방식이 전면화되는 데서 고통이 유래한다고 말이죠.

바로 이렇게 부정성 진단에서의 핵심 계기가 비인정으로부터 비규정성으로 옮겨갔다는 사실은 어쩌면 독자들을 상당히 혼란스럽게 만들 수 있을 것 같습니다. 왜냐하면 '비규정성의 고통'을 구조화하는 이 책에서의 선생님 작업을 사회적 부정의에 대한 도덕적 투쟁으로서의 『인정투쟁』을 모델화하려던 예의 그 시도를 발전시킨 산물로 이해해야 하는지, 아니면 차라리 강한 의미에서의 관점 전환으로 보아야 할지 불분명하기 때문입니다. 선생님께서 '비규정성의 고통'이라는 이름으로 제시하신 우리 시대 고통의 병리적 원천, 즉 개인이 단순히 법적 혹은 도덕적 자유 표상에 고착되어 버리는 부정성 상태는 선생님의 초기작, 『인정투쟁』에서 강조되었던 상호주관적 비인정이라는 부정성과 어떤 관계에 있습니까? 이 두 부정성 사이에 모종의 인과적 관계가 있다고 보십니까? 달리 말해, 이 책에서 고통의 원천으로 제시된 비규정적 자유 표상들이 단순히 개인 각자의 자기관계뿐 아니라 주체들 서로의 상호주관적 관계에서까지도 어떤 왜곡을 유발할 수 있는 잠재적인 원인이라고 보십니까? 만일 그러하다면, 『비규정성의 고통』에 대한 진단은 근본적으로 『인정투쟁』의 모델을 보다 심층적으로 확장하는 경로로 도입된다고 볼 수 있을 것입니다. 하지만 반대로 저 두 가지의 부정성은 각기 자신의 논리에 따라 자립적으로 작동하는 것들일 뿐 서로에게 인과적으로 영향을 미치지 않는다고 보신다면, 『비규정성의 고통』에 관한 지금의 기획은 차라리 선생님의 이론적 궤적 안의 어떤 관점 전환, 즉 사회적 갈등의 도덕적 문법에 주목하던 예의 『인정투쟁』 기획과의 단절로 읽힐 수도 있을 듯합니다.

호네트 | 아니요, 저로서는 이 문제를 좀 달리 파악합니다. 달리 말해, 저

는 당신이 제안한 두 가지 선택지 중 하나에 따라 이 문제를 보지 않습니다. 『비규정성의 고통』의 집필을 시작하기 전에 저는 두 가지의 규범적 관점을 분명하게 구별할 수 있어야 한다는 사실을 깨닫게 됐습니다. 첫 번째 관점이 고전적으로 정의의 원칙들에 기대어 성립되는 것이라면, 두 번째의 관점은 정의의 원칙들이 아닌 다른 종류의 기준, 즉 대략 말해 보자면, 자기실현 혹은 바로 자유의 기준을 통해 정초될 수 있는 관점입니다. 예전의 제게는 그 점이 매우 애매하게 가려져 있었지만, 이제 저는 어떤 사회관계들이 어떤 규범적 특질을 갖는지는 항상, 분석적으로 구별되는 두 가지의 상이한 관점 혹은 두 가지 기준을 통해 측정될 수 있다는 점을 분명히 자각하게 된 것이죠. 첫 번째 관점에 따르면 이 사회는 **정의로운가** 하는 물음이 중요하고, 두 번째 관점에 따르면 이 사회가 개인의 자유와 자기실현을 가능하게 한다는 의미에서 **좋은가**라는 물음이 핵심적입니다. 『비규정성의 고통』에서 헤겔의 법철학을 현재화하려고 시도하면서 제가 주력했던 것은 우선 두 번째 관점을 보다 강력하게 만들고 그것을 일관되게 추구하는 것이었죠. 하지만 그렇게 함으로써 제가 첫 번째 관점이 잉여적이라거나 두 번째 관점만큼 의미 있는 것이 아니라고 말하고자 했던 것은 아닙니다. 그 점에 관한 제 자신의 생각은 이렇습니다. 하나의 비판적 사회이론에 의해서 항상 똑같은 정도로 고려되어야 하는 상보적인 두 관점이 있다는 것이죠. 부정적으로 정식화해 보자면, '특정한 사회적 조건 아래서 사회경제적으로 초래된 한 사회 내의 부정의한 상태들에 대한 물음'과 '이 사회의 가능한 병리 현상들에 대한 물음(여기서 병리 현상들이란 자기실현의 가능성들이 체계적으로 훼손되는 것을 말합니다)'이 바로 이 두 가지 관점에 해당합니다. 당신이 시사한 문제, 즉 이 두 가지 종류의 그릇된 상태가 어떻게 서로 내적으로 연결되는가, 병리 현상들은 과연 부정의의 특정 형태들이 유발되는 데에 얼마나 일조하는가, 그리고 특정한 부정의의 상태들이 어느 정도까지나 병리 현상들에 뿌리박고 있는가 하는 물음은 분명 매우 흥미로운 것이지만, 그것은 일단 제가 제쳐 둔 문제입니다. 우선 저 두 관점을 정확히 구별하되, 규범적 질서에 대한 복잡한 이론이라면 이 두 관점 모두를 타당하게 만들어야 한다는 것까지가 제 생각입니다. 그에 따라 저는 최근에 나온 새 책 『자유의 권리』에서 정의에 대한 분석과 병리 현상에 대한 진단을 동시에 진행하여 한데 묶는 작업을 수행하죠.

이 | 그러니까 '비규정적인 자유 표상에의 고착'과 '비인정'의 문제가 서로 인과적 연쇄를 이루는지, 아니면 서로 무관하게 자립적으로 작동하는지는 아직 열린 문제이지만, 우선 이 두 가지 부정성이 각기 병리 현상의 문제와 부정의의 문제로 달리 범주화되어야 한다는 것은 자명하다는 말씀이시군요.

호네트 | 그렇습니다. 여러 형태의 비인정은 본래 엄격히 말하자면 부정의의 형태들이지 좁은 의미에서 병리 현상은 아닙니다. 비인정은 동등한 분배라든지 사회적 배려에 대한 정당한 요구의 훼손으로 이해될 수 있습니다. 즉 비인정은 부정의의 영역에 해당되는 왜곡 상태들을 유

발한다고 할 수 있지요. 비인정의 현상들과 병리 현상들의 가장 단순한 차이라면 다음과 같이 정식화할 수 있겠습니다. 병리 현상들에 의해서는 어떤 식으로이건 한 사회나 한 집단의 모든 구성원이 영향을 받는 반면, 비인정에 의해서는 한 집단의 일부 사람들만이 피해를 입습니다.

5. 해방의 두 가지 길?: 회고Rückblickend와 전망 Vorwärts

이ㅣ 방금 지적하셨듯, 선생님의 현재 이론적 작업들을 "인정투쟁"이라는 초기 구상과의 단절로 혹은 관점 전환으로 읽는 것은 처음부터 불완전한 이해였던 것으로 보입니다. 그럼에도 불구하고 사람들은 어쩌면, 다소간의 불연속성을 읽어 내는 독해 방식으로 기울 수도 있을 텐데요. 왜냐하면 『인정투쟁』에서 인류적 자기실현이란 부당하게도 인정받지 못한 당사자들이 현재의 인류적 상태의 불완전함에 투쟁하고 저항함으로써 도달해야 하는 어떤 목표 같은 것을 시사했었다면, 지금의 이 책 『비규정성의 고통』에서 해방이란 오히려 일인칭적 인격자의 자기성찰을 통해 우리가 함께 속해 있는 인류적인 영역을 회복한다는 것을 뜻하는 듯 보이기 때문입니다. 이 차이를 좀더 부각시키기 위해 조금 다른 용어를 사용해 보겠습니다. 말하자면, 『인정투쟁』이 상호주관적 충돌들의 부정성을 극복하면서 앞 방향으로 전진하는 집합적 운동을 통해 인류성을 구성적으로 성취하려 했다면, 그에 반해 『비규정성의 고통』은 개인주의적 자유 표상에 가려져 망각돼 버린 인류적 공속성 Zusammengehörigkeit을 회고적으로 되살려 내는 데 역점을 두는 것 같습니다. 이는 결국 인정 이론의 핵심적인 목적 설정상에 나타난 다소간의 중심 이동으로 이해될 수 있지 않을까요? 인륜적인 것의 투쟁적 정립이라는 목적 설정으로부터, 주어져 있는 (하지만 억압되거나 망각된) 인륜성의 회고적 복원이라는 목적 설정으로 말입니다.

호네트 | 그와 같은 목적 설정상의 중심 이동을 이야기하는 것은 저의 새로운 책 『자유의 권리』에 관한 한 맞지 않는 이해일 겁니다. 왜냐하면 거기서 저는 다시 한번 사회적 갈등과 투쟁의 이념을 조금 다른 새로운 각도에서 전개하고자 시도하기 때문입니다. 하지만 지금의 이 책 『비규정성의 고통』의 핵심이 치료적 관점에 있다는 당신의 지적은 분명히 옳고 정확해 보입니다. 즉 특정 제도와 함께 이미 주어져 있는 자유의 가능성을 고찰하고 깨달음으로써 사회적 병리 현상들이 치유되어야 한다는 관점이야말로 이 저작의 핵심이라는 것 말이죠. 이런 의미에서 우리는 치료적 관점을 곧 치유의 관점이라고 부를 수도 있을 것입니다. 이것은 물론 『인정투쟁』에 상정된 것과는 전혀 다른 관점입니다. 하지만 『자유의 권리』에서는 다시금 보다 확장되고 복잡해진 상이 형성됩니다. 이 책에서는 두 가지 관점이 동시에 구성적이기 때문이죠. **한편으로** 우리는 이미 정립되어 제도화되어 있는 자유의 가능성들을 계속해서 멈추지 않고 상기해야 합니다. 이것이 아마도 『비규정성의 고통』의 관점일 것입니다. 하지만 **다른 한편으로** 우리는 또한 오직 공동의 투쟁을 통해서만 해방될 수 있고 그러한 한에서 미래를 지시하는, 아직 다 길어 내지 않은 자유의 잠재력을 현전화해야 합니다. 바

로 이 측면에서는 미래로 뻗어나가는 전진적 관점이 전적으로 구성적인 역할을 한다고 할 수 있죠. 미래란 이미 제도화된 자유 원칙들을 비로소 가동시키며 실현하려는 사회적 투쟁들을 통해서만 묘사될 수 있을 것입니다. 그런 한에서 『자유의 권리』 역시도 병리 진단과 정의 분석의 조합이죠. 주어져 있으되 억압된 인륜성을 되살려 내는 회고적 각성 Rückbesinnung과 아직 길어 내지 않은 인륜성을 정립하려는 진보적 정향 Fortschrittorientierung이 확실히 서로 손을 맞잡고 가니까요.

이┃ 헤겔적 맥락에서 미래를 향한 정향에 대해 이야기하고자 할 때면 우리는 불행하게도 너무나 자주, 헤겔은 본래 관습주의의 사상가라는 반론에 부딪히게 됩니다. 헤겔의 『법철학』과 함께 가는 것이니만큼, 선생님의 두 저작 『비규정성의 고통』과 『자유의 권리』에서 진행되는 근대의 인륜적 규범성의 재구성 작업에는 '객관정신'이라는 헤겔의 형상이 반영되어 있습니다. 이로 인해 이제 선생님의 이론체계 안에서 인정은 **주어져 있는 인륜적 질서**에 따라 실행되는 상호주관적 행위방식을 일컫게 됩니다. 아마도 바로 이런 관점에서 한 가지 질문이 곧장 제기될 수 있을 것입니다. 선생님의 현재 모델에 따르면 우리는 과연 주어져 있는 인륜적 질서 안에서 일어나는 규범적 **변화**를 이론적으로 설명하고 실천적으로 관철시킬 수 있는가? 만일 그러하다면 어떻게 그럴 수 있는가? 하는 물음 말입니다. 헤겔의 관습주의에 대한 그간의 통상적인 반론을 떠올려 보면, 이 물음은 보다 긴급해질 수밖에 없는 것으로 보입니다.

호네트 | 저는 헤겔이 실제로 『법철학』에서 이 문제에 관해 설득력 있는 답을 제공하고 있다고 생각하지 않습니다. 그러니 아마도 저는 헤겔에 반대해서 다음과 같이 생각한다고 대답해야 할 것 같군요. 일단 한번 제도화된 인정의 원칙들 혹은 자유의 약속들은 어떤 규범적 잉여normativen Überschuss를 창출합니다. 우리로 하여금 이미 주어져 있는 것보다 더 적합하거나 더 좋은 제도적 실현을 향해 나아가도록 추동하면서 말이죠. 저는 바로 이런 규범적 원칙들이 내는 타당성 이윤*Geltungsüberhang에 시선을 두고 있습니다. 한편으로는 변화와 개선을 향한 진보의 운동을 그들 자신의 지금의 이름으로 추동하면서도, 다른 한편으로는 바로 그런 진보의 운동을 전개시킴으로써 다시금 어떤 새로운 방향을 설정해 주는 그런 규범적 원칙들 말이죠. 다른 말로 제게 중요한 것은, 그때마다의 참여자들에게 그들 공동의 행위 목표를 실현할 수 있도록 보다 큰 공간을 허용하고 마련해 주는, 제도적으로 확립된 그때마다의 인정의 원칙들이나 자유의 약속들을 사회적으로 새로이 해석하는 일입니다. 물론 그런 새로운 해석들 중에서 무엇이 진보이고 무엇이 퇴보인지를 가늠할 수 있는 기준을 묻는 물음에는 실제로 대

---

* [옮긴이주] 어떤 타당한 규범은 일단 제도화되어 일반적으로 통용되면, 마치 은행에 적립된 금액이 이자가 붙어 불어나는 것처럼, 더 좋은 제도를 만들도록 촉구하거나 자신에 대한 보다 적절한 해석을 통해 보다 많은 진보적 성취를 이룩하도록 해 준다. 이런 의미에서 호네트는 참된 타당성의 규범은 '타당성의 이윤'을 내는 성질을 갖고 있다고 말하고 있다. 그리고 아래에서 확인되듯이, 호네트에 따르면 이런 '타당성의 이윤'은 현존하는 타당한 규범들에 대한 보다 적절하고 적극적인 해석 덕분으로 창출되기 마련이며, 이런 적극적인 규범 해석은 현존하는 사회 상태 안에서의 어떤 갈등이나 충돌 덕분으로 시작되곤 한다는 입장을 피력하고 있다.

답하기 어렵습니다. 하지만 우선, 제가 헤겔의 관습주의를 벗어날 수 있다는 것 정도는 의심할 나위 없이 분명합니다. 헤겔과는 달리 제 출발점은, 우리의 실천적 수행들을 가능케 하는 제도화된 규범 원칙들은 그때마다 이미 확립돼 있는 제도적 질서의 너머를 가리키고 있다는 것, 달리 말해 이미 제도화된 규범 원칙들은 항상 더 많은, 그리고 더 좋은 해석을 요구한다는 것이기 때문입니다. 저와 달리 헤겔은 자신이 분석한 자유의 원칙들이 어떤 제도적인 조정 작용과 규제를 가능케 해 준다는 것까지만 상정하는 것 같습니다. 제도적 규범에 대한 더 나은 (혹은 적어도 더 나쁘지는 않은) 해석 가능성을 용인한다는 점에서 통상적인 헤겔과 차이를 두는 것, 바로 그것이 전체 이론 구성과 관련해 매우 결정적이면서도 논의해 볼 만한 가치가 있는 지점이라고 할 수 있겠죠.

6. 근대적 인륜성의 구성적 원천으로서의 권리(법) 내재적 긴장?

이ㅣ 방금 말씀하신 것과 같은 형태로 타당성 이윤을 내는 오늘날의 대표적인 제도화된 규범으로 우리는 권리/법Recht을 꼽을 수 있지 않을까요? 선생님의 새로운 책 『자유의 권리』는 물론이고, 헤겔의 법철학적 사유에 조회한다는 점에서 이 책 『비규정성의 고통』 또한 근본적으로 오늘날 우리들의 사회적 삶에 가장 주요한 자유의 현존을 권리/법에서 찾고자 하는 시도라는 해석도 가능할 것 같습니다. 이런 견지에서, 이 책에서 선생님께서 전개하신 권리/법 구상을 특징짓는 것처럼 보이는 하나의 흥미로운 긴장이 특히나 중요할 것 같습니다. 제가 맞게 이해했다면, 선생님은 『인정투쟁』을 비롯한 이전의 작업들에서는——이는 아마도 칸트적 관점에 대한 선생님의 친화성의 증표이기도 하겠습니다만——모든 인격자의 동등한 권리에 대해 말함으로써 권리/법 개념을 상당히 균질적으로 정의해 오셨다면, 그에 반해 이 책 『비규정성의 고통』에서는 이제 헤겔의 법철학적 관점에 따라 다음과 같이 필연적으로 서로 결합되어 있지만 그럼에도 분명히 구분되는 권리/법의 두 가지 형태에 주목하시는 것으로 보입니다. 한편으로는 **추상적** 형태와 다른 한편으로는 **인륜적** 형태 말입니다. 주관적 권리의 이 두 가지 형태를 선생님은 각각, 자신에게 주어진 구체적인 상황적 맥락으로부터 물러나 자신에게로 되돌아갈 수 있는 개별화의 권리, 그리고 타인과의 협동적인 상호주관적 관계를 통해 공속성의 지평 안에서 자기실현에 도달할 소통적 자유에의 권리로 칭합니다. 그런데 헤겔과 함께 선생님은 이제 이 둘이 모두 주체의 "자유의 현존"에 속한다고 진단하기 때문에, 이제 주관적 권리는 위에서 정리된 바대로의 저 두 계기 사이에서 불붙는 어떤 긴장을 간직하게 되는 것으로 보입니다. 우리에게 항상 새로운 해석을 요하며, 바로 그렇기 때문에 그들 자신의 이름으로 변화와 진보의 운동을 추동하는, 그럼으로써 타당성 이윤을 내는 제도화된 규범의 전형으로서 우리는 오늘날 권리/법을 꼽아야 하는 것은 아닌지요. 자기 안에 필연적인 내재적 긴장rechtsinterne Spannung을 간직한 까닭에, 권리/법이야말로 애초부터 늘 새로운 해석의 대상일 수밖에 없으니 말이죠.

호네트 | 큰 틀에서 볼 때 당신이 기술한 것에 대체로 동의합니다만, 저

는 이 문제를 전적으로 당신과 똑같이 정식화하고 싶지는 않습니다. 전체적으로 볼 때 주관적 권리들 안에 어떤 긴장이 내재한다는 것은 분명합니다. 주관적 권리들 중 어떤 부분을 우리는 단지 개별적 인격자로서 수행할 수 있지만 다른 부분은 오직 집합적으로 혹은 협동적으로만 수행할 수 있으니까요. 그러니까 제가 보기에 한편으로 **자유주의적인 사회적 권리들**과 다른 한편으로 **정치적 권리들**의 사이에 긴장이 있습니다. 이것이야말로 근대적 권리를 구성하는 긴장입니다. 그리고 바로 이 긴장 안에는 변화를 향한 흥미로운 잠재력이 간직되어 있다고 말할 수 있겠습니다. 왜냐하면 우리는 우리의 정치적 권리를 행사함으로써 그때마다 개인으로서 우리가 지니는 주관적인 사회적 권리의 양식을 함께 변화시킬 수 있게 되기 때문이죠. 보다 강하게 정식화하자면, 오직 공동으로만 실행될 수 있는 정치적 권리들이 개인적 권리들에 대해 어떤 식으로든 우위에 놓인다고 말할 수도 있겠습니다. 하지만 이 말을 공화주의적으로 이해해서는 안 됩니다. 공동으로 실행되는 정치적 권리들의 가치를 지나치게 강조한 나머지 자유주의적인 사회적 권리들의 근본 토대 자체를 회의에 부치고 재고하는 것은 지극히 위험스럽기 때문이죠. 저는 권리 개념을 그런 식으로 공화주의적으로 받아들이고 싶지 않습니다. 저는 오히려 근대의 권리/법 체계를, 저 양측 간의 긴장을 내포하지만 그러나 다시금 양측에게 한계를 부과하는 기본법적 질서grundrechtliche Ordnung로 이해합니다. 자유주의적인 사회적 권리와 정치적 권리, 그 둘 간의 긴장이야말로 과연 근대를 관통하는 긴장들 **중 하나**이지만, 저는 그것을 근대의 비극적 긴장 **자체**라고 부르진 않을 것입니다. 왜냐하면 저는 근대를 전적으로 권리/법이라는 규범적 개념만으로 기술하고 싶지는 않기 때문입니다. 예컨대 크리스토프 멩케 Christoph Menke와 같은 이론가들은 근대를 말하기 위해 권리/법의 개념에 집중하지 않습니까? 그것도 심지어 비극이라는 용어를 경유하면서 말이죠. 하지만 제가 보기에 그런 시도가 전적으로 옳은 것은 아닌 것 같습니다. 차라리 저는, 근대의 규범적 실서가 모조리 다 권리/법 안으로 포섭될 수 있는 것은 결코 아니며 저런 권리/법의 내재적 긴장을 근대의 유일한 구성적 긴장으로 성급하게 급진화해서도 안 된다는 헤겔의 확신을 따르고 싶습니다.

이l 권리/법의 내재적 긴장에 주목하려는 멩케 식의 시도를 멀리해야 한다는 말씀은 결국 근대적 규범에 핵심적이면서도 구성적인 의미를 지니는 긴장이 권리/법이 아닌 다른 지평에 있다는 의미인가요? 주관적 권리의 추상적 형태 속에는 분명 의사소통의 인륜적 권리가 억압될 위험이 도사리고 있지만, 그럼에도 전자는 후자를 위한 필수 불가결한 조건이기 때문에 "인륜적 영역 안에서 모든 인륜성 뒤로 물러설 수 있는 인정된 가능성을 열어 주는 기회"가 개인들에게 보장되어야만 한다고 강조하실 때, 선생님 또한 주관적 권리에 내재적인 변증법적 긴장에 주목하시는 것 아닌가 생각했었는데요. 요컨대 **구조적** 측면에서 볼 때, 크리스토프 멩케가 자신의 책 『평등의 비추임들』*에서 제시하는 평등 이념의 변증법과 유사한 단초를 공유하시지만, 선생님과 멩케가 바라보는 윤리적 목표 설정과 이론적 방향은 내용상 **정반대**라고 말이죠. 왜냐하면 멩케가 개인적 임의성을 주장하면서 인륜적 평등의 범위와 권역이 점차 확장된다는 데에 주목한다면, 선생님은 반대로 개인성의 주장에 고착되면서 인륜적 소통 가능성이 근원적으로 훼손되어 버리는 위험을 경고하시기 때문입니다. 바로 그렇기 때문에 멩케와 달리 선생님에게는 추상적 임의성에의 권리를 소지하고 있지만 왜 근대적 주체는 이를 무한히 주장하는 데로 나아가지 않고 오히려 협동적 자기 실현을 위한 소통적 권리를 위해 제한적으로만 사용하는지를 입증하는 것이 관건이라고 여겼습니다만…….

호네트 | 네. 복잡하고도 어려운 문제로군요. 이미 지적했듯 저와 멩케의 근본적인 차이는 근대 특유의 긴장을 단지 권리의 개념들로 정식화하지는 않으려 한다는 데 있습니다. 그렇게 하는 것은 문제를 근본적으로 협소하게 만드는 일이기 때문이죠. 멩케의 견해는 실제로 당신이 방금 정식화한 그대로입니다. 우리는 임의성에 대한 개인적 권리, 그러니까 임의적으로 표현 가능한 개인성artikulierbare Individualität에 대한 권리를 동원함으로써, 그때마다 주어진 인륜성을 새로이 물음에 부치고 변화시킬 수 있다는 것이 그의 생각이죠. 요컨대 그는 규범적 변화를 오직 권리/법의 상충하는 형태들이라는 관점하에서만 기술하고 있습니다. 그에 반해 제 전략은 우선, 개인적 권리를 동원하는 것은 병리

---

* Christoph Menke, *Spiegelungen der Gleichheit*, Frankfurt am Main: Suhrkamp, 2004.

적인 경직의 위험을 가져올 수도 있다는 점을 환기시키는 것입니다. 달리 말해 저는 개인성을 주관적 권리들의 틀 속으로 완전히 집어넣지 않는 전략을 취합니다. 이런 제 전략이 멩케의 것과 정확히 어떤 관계에 있는지를 상술하기는 힘들지만, 이미 이것만으로도 저와 멩케의 차이가 무엇인지는 상당히 분명해 보입니다. 멩케에게 주관적 권리는 개인성을 무한히 발현하기 위한 적합한 거처인 반면, 저는 차라리 병리학적 진단을 통해 주관적 권리에 고착되고 경직되어 버리는 위험을 경고하는 것을 목표로 하기 때문이죠. 그런 한에서 제 전략은 전체적으로 멩케의 그것보다 훨씬 더 강하게 상호주관성 이론의 성격을 띤다고 할 수 있을 것입니다. 멩케는 기본적으로, 그의 주변의 많은 이론가들 또한 그러하듯이, '관습성Konventionalität으로 이해되는 인륜성'과 '주관성의 권리'라는 두 항만을 가지고 작업하는 경향이 있습니다. 반면 저는 흥미로운 역학들과 변화의 잠재력들이 이 두 항 중 어느 하나에만 있는 것도, 나아가 둘 간의 긴장관계 속에 있는 것도 아니라고 생각합니다. 오히려 흥미로운 역동성과 변화의 잠재력은 상호주관성, 그러니까 멩케가 시사하는 관점에서 보자면 심지어 존재하지도 않는 상호주관성 내의 긴장들 속에 있습니다. 그러므로 각 경우마다 변화의 역동성을 위해서, 그리고 또한 우리에게 주요한 규범적 의미를 갖는 갈등들에 관련해 훨씬 더 중요하고도 결정적인 것은 근대의 핵심적인 제도로 이해될 수 있는 상호주관적인 제도들 안의 긴장입니다. 이 긴장은 멩케의 눈앞에 있는 긴장과는 전혀 다른 유형의 것이며, 그런 한에서 거기에는 권리/법의 내재적인 문법과는 전혀 다른 양태의 건축술이 있습니다. 그리고 이렇듯 제가 주요하다고 간주하는 역동성과 긴장은 전혀 다른 건축술에 따라 조형되기 때문에, 제가 갖고 있는 확신을 당신이 방금 제시한 것과 같은 형태의 양자택일적 문법에 따라 진술하기는 어렵습니다. 저는 개인성과 집합적 인륜성의 대립이라는 관점에서 논증하는 것이 아니라, 자기를 규정하는 '우리'에 정향하고 있기 때문입니다. 제가 보기에 멩케는 바로 이 '우리'를 제대로 분석하지 않는 것 같습니다. 그는 '우리'를 다만 그때그때 주어지고 관습적으로 받아들여지는 질서로 이해하기 때문입니다. 그에 반해 이 '우리'라는 관점Wir-Perspektive은 '우리'에 대한 적합한 이해에 관한 논쟁을 추동하는 잠재력을 자신 안에 포함하고 있다는 것이 제 출발점입니다. 달리 말해, 이 '우리'라는 관점들 안에 바로 근대적 자유에 본래적이면서도 주요한 역동성이 있습니다. 그렇기 때문에 이 '우리'를 어떻게 적절히 이해할 것인지를 둘러싸고 항상 다시금 새로운 갈등들이 뚫고 나오는 것이죠.

Ⅲ. 정치와 경제: 인정의 현재적 가능성

7. 전 지구적 시장에서의 '우리'?

이| 그러한 '우리'라는 관점이 오늘날의 사회적 삶에서는 과연 어떤 모습을 띠어야 할까요? 우리는 아마도 여기서, 인륜적 '우리'의 관점을 형성하는 데 있어 매우 복잡하면서도 어려운 문제를 야기하는 사례로 오늘날의 경제적 관계를 꼽을 수 있을 것입니다. 선생님이 이미 「노동과

인정」이라는 논문에서 보여 주듯, 교환 행위를 핵심으로 하는 자본주의적 제도는 오늘날, 아도르노와 호르크하이머가 염세적인 시선으로 단순화하듯, "총체적으로 관리되는 세계"로서의 근대라는 표상을 입증해 주는 원형적 증거 같은 것으로 치부될 수는 없습니다. 나아가 시장이라는 제도는 하버마스가 체계와 생활세계로 나누는 자신의 이원론적인 구상에서 일면적으로 파악하듯, 규범에서 자유로운 체계에 불과한 것만도 아닌 것 같습니다. 그와 반대로 선생님의 테제에 따르면 시장은 오히려 자신 안에 반+사실적으로 규범적 원천들을 지니고 있는 인정의 장소로서 구획되고 형태화되어야 합니다. 규범적 시장에 핵심적인 두 가지 단초는 선생님 견해에 따르자면 다음과 같습니다. 한편으로 시장은 그 참여자들에게 교환 행위나 노동분업의 네트워크를 통해 **협업적 자기 제한**을 배우는 도야의 기회를 제공할 수 있어야 하고, 다른 한편으로 이렇게 '타자들 곁에서 자기를 제한'하는 시장 참여자들은 바로 그렇게 이루어진 자신의 노동 활동의 가치를 공동체로부터 인정받음으로써 다시금 **자기 존재의 경험**에 이를 수 있어야 합니다.

하지만 오늘날의 조건하에서 시장이 과연 인류적인 인정 영역으로서 이 두 조건을 충족시키는지는 매우 회의적입니다. 우선, 우리가 더 이상 그 교환 행위의 규모와 노동분업의 양상을 조망할 수 없을 만큼 전 지구적으로 확장돼 버린 오늘날의 시장에서, 시장 참여적 행위를 과연 어떤 협업적 형태의 자기 제한으로 볼 수 있을지 의심스럽기 때문입니다. 뿐만 아니라, 전 지구화된global 노동시장과 토착적lokal 가치 공동체 간의 비대칭성을 급격히 가속화시키는 오늘날의 신자유주의적 흐름은 시장 노동을 '우리'의 공동체적 관점에 따라 가치 평가되어야할 것이 아니라 순전히 탈공동체적 산술의 논리에 따라 계산되어야 할 대상으로 만들고 있습니다. 신자유주의적 자본주의라는 오늘날의 가공할 만한 흐름에도 불구하고 과연 시장 제도가 규범적인 타당성 이윤을 내는 인정의 영역이라고 보십니까? 그 자신의 논리에 비추어 볼 때 시장이 본래 규범적 인륜성의 잠재력을 내포한 인정의 영역이라고 간주하신다면, 오늘날의 비인륜적 시장의 행태들에 대한 우리의 비판과 싸움은 과연 어떤 식으로 진행되어야 한다고 보십니까?

호네트 | 이 질문에 대한 답은 결국 시장을 어떻게 올바르게 분석할 것인가에 전적으로 달려 있다고 해도 과언이 아닙니다. 그리고 바로 이 견지에서 우리는 무엇보다도, 시장 안에 안착돼 있는 사회적 규범들까지도 동시에 시야 안으로 들여오지 않으면 시장은 결코 완전히, 그리고 충분히 분석될 수 없음을 시사하는, 경제사회학에서의 발전적 행보에 주목해야 합니다. 시장에 대한 적합한 분석이라는 견지에서 경제사회학이 내디딘 이런 발전적 행보는 제 자신의 관점에서는 다음을 의미합니다. 저는 시장이 단순히 개인적 이익 추구의 제도가 아닌, 하나의 사회적 제도로 이해되어야 한다고 주장합니다. 이 점에서 저는 헤겔을 좇으려 합니다. 그런데 시장을 하나의 사회적 제도로 이해한다는 것은, 각자의 개인적 행위들이 함께 묶이고 결합됨으로써 서로의 이해 관심사가 상보적으로 충족되어야 한다는 요구 주장에 입각해 시장을 이해한다는 것을 의미합니다. 바로 이 조건을 시장은, 정확히 말하자면 자본주

의적 시장은 처음부터 훼손시켰습니다. 노동운동에서 일련의 투쟁들이 진행되는 가운데, 노동의 지위가 점차 향상되고 강화되는 등 커다란 개선이 이루어진 것은 사실입니다. 19세기와 20세기 전반의 모든 투쟁들은 아주 다양한 사회 정치적 조처들, 가령 공동 결정의 규칙, 민주화의 이념들, 노동세계 인간화의 이념들을 통해 자본주의적 시장을 보다 개선된 시장의 지위에 이르도록 기여했거나 적어도 기여하려 했던 시도들로 이해될 수 있겠습니다. 그것들은 모두 노동 시장의 지위 개선이라는 행보에서 중요한 중간역들이었다고 하겠습니다. 하지만 분명한 것은 그중 소수의 것들만이 실제로 현실화되었다는 것입니다. 하나의 사회적 제도로 존재하겠다는 시장의 약속이 아직 전적으로 충족되지 않았다는 것은 명백합니다. 심지어 우리는 오늘날 신자유주의적이라고 불리는 전적으로 탈규범화된 시장에 대면해 있습니다. 그럼에도 저는 본질적으로 각 국가에 그러니까 각 법치 국가에 영향을 행사하고, 그래서 다시금 더 강하게 시장을 인륜적으로 규범화Einbettung des Marktes 하기 위해 애쓰고, 그리고 이 토대 위에서 이전의 투쟁들을 계속해서 이어나가는 것 외에 시장을 개선할 수 있는 다른 기회가 있는지 모르겠습니다. 다른 말로 하자면 저는 인륜적 질서 안으로 편입된, 그것도 아주 철저하게 규범적으로 안착된 시장경제, 그것 말고 다른 대안이 있는지 모르겠습니다. 왜냐하면 계획경제의 이념들은 오늘날 실현 불가능한 것으로 충분히 입증되었기 때문입니다. 즉, 우리가 우리의 노동세계를 사회주의적으로 방향 설정하고 정향시키고자 할 때——이때 사회주의적 방향 설정이라는 말은 가장 넓은 의미로 이해되어야 하겠습니다만——단 하나의 유의미한 길은 각종 기준과 조건 들을 마련함으로써 시장으로 하여금 노동 측의 이해 관심사까지도 보다 강하게 고려할 수밖에 없도록 만드는 것뿐입니다. 유의미한 노동들이 수행될 수 있도록 하고, 그렇게 수행된 노동의 가치가 임금으로 공정하게 평가될 수 있도록 만드는 등, 시장의 규범화에 주요한 제반 측면들 모두에서 말이죠. 그리고 전체적으로 볼 때 제 관점은, 우리가 이러한 길 위에서 시장이 과연 어느 정도까지나 공동체가 될 수 있을 것인지를 실험적으로 탐구해야 한다는 것입니다. 탈규범화된 시장에 대한 사회적 투쟁들은 어디에나 있고 늘 다시금 일어납니다. 바로 그러한 갈등과 투쟁 들이야말로 경제적 현실의 고유한 지표이자 기호라고 할 수도 있죠. 그러나 현재로서는 오히려 노동조합들이 다소 수세적으로 방어하는 데만 몰두하고 있는데, 이는 전 지구화라는 이데올로기가 공정한 임금 인상에 대한 요구를 비효율적이고 비경제적인 것으로 보이게끔 하는 데 일조하고 있기 때문입니다.

8. 인정으로서의 인륜적 분배

이ㅣ 시장을 사회의 규범적 질서 안으로 편입하여 정착시키는 문제는 비단 경제적인 문제일 뿐 아니라 정치의 문제이기도 합니다. 결국 인정 이론적 관점에서 볼 때 오늘날 정의로운 분배의 정치란 과연 어떻게 이해되어야 하는가의 물음이 중요해 보입니다. 헤겔과 함께 가는 인정 이론의 관점에서 인륜적인 분배정의에 관해 말하기 위해서는, 한편으로는 가치 있는 **불평등**에 대한 니체주의적 정당화를 비판할 수 있어야 하고, 또 다른 한편으로는 **원칙적 동등성**이라는 칸트주의적 이념으로부터 정의를 정초하려는 시도들을 넘어설 수 있어야 할 텐데요. 바로 이런 견지에서 우선, 페터 슬로터다이크Peter Sloterdijk의 니체주의적 분배 정의의 구상에 대해 선생님께서 보여 주셨던 날카로운 비판*은 매우 흥미롭고도 시사하는 바가 크다고 말할 수 있겠습니다. 다소간 거칠게 정리해 보자면, 자칭 맑스주의적 혹은 루소주의적 전제들로부터 니체주의적 결론으로 비약하는 슬로터다이크의 논증은 다음과 같았습니다. '누구의 것도 아니지만 모두의 것도 될 수 있었던 땅에 맨 먼저 말뚝을 꽂은 자가 그 땅의 주인이 되는 식으로 태동한 소유란 결국 모두에게 열려 있던 근원적 가능성을 탈취한 도둑질의 문법에 기초해 있고, 따라서 국가의 조세 체계란 소유자로부터 그의 재산을 빼앗음으로써 저와 같은 원초적인 도둑질로서의 소유의 죄를 사후적으로 보상하기 위한 장치이다. 그러니 우리는 조세 체계를 통한 분배라는 윤리적으로 무가치한 방식을 고집할 것이 아니라, '베푸는 손'gebende Hand의 자부심을 통한 정의Gerechtigkeit라는 윤리적으로 훨씬 탁월한 문법으로 이행할 수

---

* [옮긴이주] 페터 슬로터다이크가 『프랑크푸르터 알게마이네 차이퉁』(*Frankfurter allge- meiner Zeitung*)에 「베푸는 손의 혁명」("Die Revolution der gebenden Hand", 2009. 6. 13)이라는 제목으로 기고했던 칼럼에 대해, 호네트가 『차이트』지(*Zeit*)에 「칼스루에에서 온 치명적 몽상」("Fataler Tiefsinn aus Karlsruhe", 2009. 9. 24)이라는 제목으로 기고한 반박 칼럼을 가리킨다. 슬로터다이크의 칼럼 원문은 http://www.faz.net/aktuell/ feuilleton/debatten/kapitalismus/die-zukunft-des-kapitalismus-8-die-revolution- der-gebenden-hand-1812362.html, 호네트의 반박 칼럼 원문은 http://www.zeit. de/2009/40/Sloterdijk-Blasen?page=1을 참조.

있어야 한다.' 이렇게 베푸는 자들의 자부심을 지지하는 것이 사회적 분배 정의를 관철하는 데 과연 얼마나 실효를 발휘할 수 있을지 현실적으로 의심스럽다는 점은 차치하고라도, 이런 테제는 근본적으로 동등한 인간 존엄이라는 이념 자체에 반하기 때문에 윤리적 관점에서도 철저히 문제적인 것으로 보입니다. 이렇듯 가치 있는 불평등을 옹호하려는 슬로터다이크의 니체주의적 정의론은 처음부터 '정의'의 이념에서 이탈하기 때문에 불가능한 것이라면, 그에 반해 롤스의 분배 정의 구상은 우리의 사회적 자유의 현실성을 도외시하기 때문에 불완전한 것으로 보입니다. 왜냐하면 롤스는 분배 정의를 정초하기 위해 원초적 상황, 즉 맥락 없이 평등한 인격자들의 단순한 집합이라는 가설적 상태에서 출발하기 때문입니다. 칸트의 도덕적 동등성의 이념에 준해 근본재화의 공정한 분배 원칙들을 구성하는 롤스는 사회적 현실의 각종 구체성들을 경유하는 보다 포괄적인 인륜적 정의를 의미화하는 데 도달하지는 못한다고 말할 수 있습니다.

한편으로는 자부심 넘치는 불평등이라는 니체주의적 그림에 맞서고 다른 한편으로는 실험적으로 추상된 동등성을 따르는 롤스 식의 방식으로 수축되지도 않는, 인륜적 인정으로서의 정의로운 분배란 과연 어떠한 양상의 것인지요?

호네트 | 네, 당신은 방금 과연 두 가지 전선에 맞서 싸워야 하는 전쟁으로 저를 끌어들였습니다. 의도도 불투명할 뿐만 아니라 우리를 혼란에 빠뜨리는 생각을 개진한 슬로터다이크가 한편에 있고, 너무도 형식적

인 것처럼 보이는 차등의 원칙들을 구상한 롤스가 다른 한편에 있는 상황에서 이들에 맞서서 진지를 구축하고 방어하도록 말이죠. 우선 슬로터다이크에게는 다음과 같은 반박만으로도 충분해 보입니다. 사회 국가Sozialstaat를 정초한다는 것 —— 전근대적 혹은 반근대적 방식이 아니라, 순전히 근대적 방식으로 사회 국가를 정초하고자 한다면 —— 은 오직 조세 국가라는 정당한 주춧돌 위에서만 가능합니다. 차등한 세금을 통한 분배가 없다면 사회 국가가 약속하는 것들은 결코 사회적 권리로 정식화될 수도 없을 것이고, 재정적으로 뒷받침될 수도 없을 겁니다. 그러므로 조세 체계에 대한 비판은 간접적이면서 동시에 암묵적인 사회 국가에 대한 비판이라고 봐야 합니다. 하지만 제가 보기에 사회 국가는 근대 시장경제가 약속했던 자유의 전망들에 한 발짝 더 가까이 다가가기 위한 본질적인 조건들 중의 하나입니다. 그런 한에서 제가 보기에 슬로터다이크의 입장은 아예 견지될 수가 없는 종류의 것 같습니다. 거꾸로, 롤스 정의론의 경우에는 우리가 살고 있는 사회 현실에 비추어 적합도가 너무 낮다는 것이 문제입니다. 그가 말하는 차등 원칙을 준거로 삼으면 여러 가지 다양한 형태의 불평등들이 정당화되는 일도 벌어질 수 있을 겁니다. 이 원칙의 적용은 결국 전적으로 사회적, 경제적 해석에 달려 있기 때문이죠. 가령 사람들이 차등 원칙을 참조한다면 심지어 기업 관리자의 극도로 높은 월급까지도 정당화할 수 있을 겁니다. 그 경제적 파생 이득이 얼마나 되는지 계산해서 특정 수치를 들이대면서, 관리자의 높은 월급이 결국 더 많은 일자리를 창출하는 효과를 낸다는 것을 증명할 수도 있을 테니까요. 그런 한에서 제가 보기에 롤스의 차등 원칙은 우리의 사회적 현실에서 많이 유리되어 있다고 할까요? 저는 오히려 노동시장에서 약한 당사자들이 보다 강한 입지로 올라설 수 있으려면 무엇을 해야 하는가, 바로 거기에 분배의 척도가 있다고 봅니다. '보다 약한 측에게 힘을 불어넣는다'Empowerment der schwächeren Seite는 이념이야말로 결정적인 것처럼 보입니다. 보다 약한 측에게 힘을 불어넣기 위해 무엇이 행해져야 할지는 결국, 우리의 현재 사회의 삶의 기준에 비추어 정해져야 하겠죠. 그러니까 무엇보다도 노동자들, 서비스 제공자들, 피고용자들이 자유롭고 정당한 노동 계약을 체결할 수 있으려면 세금이 어떻게 분배되어야 하는가에 따라서 말이죠. 피고용인들이 존엄치 못한 노동계약을 승인하지 않을 수 있게 하려면 어떤 경제적, 사회정치적 보장이 필요한가에 따라 분배의 조세적 규준들을 측정한다면, 시장경제적 조건하에서 노동 계약은 실제로 자유 계약이어야 한다는 이념에 조금 더 가까이 다가서게 될 것입니다.

9. 인륜적 형태의 초국적 정의?

이| 오늘날의 조건하에서는 그러한 정의로운 분배가 전 지구적 수준에서 새롭게 구상되어야 한다고 제안하거나 주장하는 많은 이론가들이 있습니다. 가령 낸시 프레이저Nancy Fraser는 전 지구화된 '정의의 규모'를 주장하고 있으며, 코스모폴리타니즘의 정치철학 진영에서도 역시 동일한 직관이 지배적인 것 같습니다. 이런 견지에서, 애초에 민족국가의 틀과 뗄 수 없을 정도로 강하게 결착돼 있는 헤겔의 인륜성 개념

에 발 딛고 있는 한, 전 지구적 규모로 확장된 오늘의 현실에 적절히 응할 수 없다는 비판을 피하기 어려워 보입니다. 인륜성 이론의 견지에서 과연 초국적 규모의 정의로 향하는 길을 제안할 수 있다고 보십니까?

호네트 | 우선, 좌파 헤겔주의자로서 이 문제에 확실한 답을 내놓는다는 것은 무척 조심스러운 일입니다. 저는 책상에 앉아 정의의 국제화를 위한 계획들을 써 나가는 것이 철학적으로 혹은 이론적으로 유의미하다는 확신을 전혀 갖고 있지 않습니다. 이는 곧 뒤집어 말하자면, 초국적 규모의 분배에 기여하는 제도가 형성되리라는 걸 믿고 기대해야 한다는 것을 의미하겠죠. 그런 제도가 형성된 다음에야 비로소 저는 분배의 이념과 원칙 들을 실질적으로 국가적 맥락 너머로 전개하기 위해 현실적으로 필요한 제도적 조건들을 기술할 수 있을 겁니다. 당연히 그런 초국적 분배를 위한 제도 형성의 흐름이 계속해서 이어질 수 있도록 지지를 보내며 말이죠. 독일이나 프랑스처럼 유럽연합 내에서 상대적으로 좋은 경제적 입지에 있는 나라들이 재정 위기에 빠진 다른 회원국들을 위해 책임Haftung 을 맡는 문제에 관해 지금 유럽에서 진행되고 있는 논의들이 바로 그 좋은 사례입니다. 제게는 지금의 이 토론이 흡사, 초국적 책임 형성이라는 문제가 본격적으로 연구되고 있는 하나의 실험실과도 같아 보입니다. 당초 유럽 공동체라는 제도 형성과 함께 **암묵적으로** 현존했던 요구, 그러니까 자국민이 아닌 자들에 대한 책임을 떠맡아야 한다는 요구의 **실질적인** 적용, 그게 바로 지금 이루어지고 있는 것이죠. 독일인들은 갑자기 독일 안의 다른 연방주뿐 아니라, 유럽연합 내

의 다른 회원국을 위해서까지도 경제적 책임을 떠맡아야 하는 상황에 직면하게 됐습니다. 가령 그리스를 위한 경제적 원조가 승인될 경우, 처음으로 실제 초국적 수준에서의 분배라고 할 수 있을 만한 것이 이뤄지게 됩니다. 소위 '정의의 공간'이 어떻게 점진적으로 확장되어 나가는지를 파악하기 위해서 우리는 앞으로, 바로 이런 일들이 이뤄지는 메커니즘과 제도적 경로들에 훨씬 더 강력하게 주목해야 합니다. 타 회원국에 대한 재정 지원에 반발하는 독일인들의 강력한 저항만 보더라도 전 지구적 정의를 향해 한 발자국을 내딛는다는 것이 얼마나 어렵고 믿을 수 없을 만큼 험난한 일인지 잘 알 수 있습니다. 독일인들이 유럽연합의 타 회원국을 위한 분배에 있어서도 벌써 이렇게 유보적이라면, 유럽 공동체에 전혀 속하지 않는 다른 나라들 쪽으로의 분배는 또 얼마나 어렵겠습니까? 저는 초국적인 협력의 규범들이 그 자신의 규범적 논리에 힘입어 결국은 유럽의 틀을 넘어서까지도 점차 책임과 책무를 떠맡도록 강제할 수밖에 없다고 봅니다. 그러므로 저는 당연히, 이런 규범들이 그들 자신의 규범적 논리에 따라 압력을 가해 결국엔 초국적 규모의 분배를 위한 제도들이 형성되리라고 믿습니다. 하지만 지금 이 순간 유럽이 겪는 진통들을 통해 우리가 눈으로 직접 보고 있듯, 경제적 책임이라는 개념을 탈영토화한다는 것은 정말이지 몹시도 오랜 시간을 요하는 매우 더딘 학습 과정입니다. 현재로서는 그 이상을 더 말하기가 힘들 것 같습니다. 저는 인권이라는 이념을 보다 확장된 형태로 실체화함으로써 초국적 정의의 길로 갈 수 있으리라고는 믿지 않습니다. 제도 형성이 먼저 이루어져야 하고 그 길 위에서 규범적으로 정당화된 분배가 이뤄질 수 있어야 합니다.

이 | 인권에 호소하는 도덕적 문법으로는 불가능하다고 생각하신다면 규범적으로 정당화된 초국적 분배를 위한 제도 형성은 과연 어떻게 가능하다고 보시는지요?

호네트 | 맞습니다. **도덕적 이성에 대한 호소는 제도 형성이라는 의미에서는 별 효과가 없으리라고 봅니다.** 오히려 우리는 개별 국가들 스스로의 이해관심사에 호소해야 합니다. 자국의 부를 분배하는 일을 그들 자신이 직접 관할하는 조건을 마련하고 싶어한다든지, 자신의 안전을 위협당하지 않기 위한 조건들을 확보하고 싶어한다든지 하는, 모든 개별 국가가 갖고 있는 자연스러운 이해관심사 같은 것에 말이죠. 전쟁을 피하는 것, 대거 망명자 발생을 피하는 것, 그런 **전략적 숙고**들이 곧 한 국가의 주민들로 하여금 자국의 이해만을 추구하기보다는 오히려 그런 초국적인 제도 형성에 동의하는 데까지 가게 만든다고 봅니다.

IV. 헤겔의 오늘, 수많은 시선들

10. 헤겔 르네상스의 전선들

이 | 선생님은 몇 년 전부터 '국제헤겔학회'internationale Hegelvereinigung의 회장으로 활동하고 계신데요. 오늘의 인터뷰를 마무리하기 전에 이제 오늘날의 이론적 세계 안에서 발견되는 수많은 헤겔들을 어떻

게 조망하고 계신지 듣고 싶습니다. 선생님이 이 책 『비규정성의 고통』의 서두에서도 지적하듯, 현재 헤겔은 사실상 매우 상이한 맥락에서 무척이나 다양한 관점에 따라 읽히고 있습니다. 이런 수많은 헤겔주의적 시도들 가운데 특히 유의미하다고 생각하시는 것은 무엇인지요. 그리고 선생님 자신의 헤겔주의적 입장은 이런 오늘날의 헤겔 르네상스의 지평 안에서 특히나 어느 자리에 위치한다고 보십니까?

호네트 | 네, 제 생각도 같습니다. 당신이 올바르게 지적했듯이, 현재 우리의 철학적 이론 세계 안에는 정말이지 너무도 많은 헤겔이 있어서 이런 수많은 헤겔주의적 관점들을 충분하고도 정확하게 개괄한다는 것이 거의 불가능해 보일 지경입니다. 우선 한편에는 지금까지 결코 중단된 적 없이 계속돼 왔던 순전히 문헌학적인 헤겔 해석이 있고, 다른 한편에는 자연철학, 인식론, 실천철학, 정치철학 등의 매우 다양한 영역에서 헤겔 철학에 보다 체계적으로 접근하려는 경향이 있다는 것 정도는 분명하게 말할 수 있을 것 같습니다. 그리고 이런 후자의 체계주의적 재해석의 경향 가운데서도 특히나 정치철학 영역에서 우리는 지금 다시 한 번 헤겔의 다양한 유산들에 조우하고 있습니다. 가령 알래스데어 매킨타이어Alasdair MacIntyre 같은 특정한 공동체주의자들은 헤겔 우파적 유산을 계속해서 발전시켜 나가고 있고, 주디스 버틀러Judith Butler 의 일부 저작들을 생각해 보면 헤겔 좌파적 관점에서 혁명적 헤겔주의 역시 계속 전개되고 있음을 잘 알 수 있으니까요. 게다가 너무도 다행인 것은, 헤겔 해석상의 세 번째 노선 또한 활발히 발전되고 있으며, 지

난 세기에 비해 더 강력해졌다는 것입니다. 이 진영은, 근대는 그 자신이 이미 실현한 사회적 자유 그 너머로까지 계속해서 더 나아감으로써만 자신이 내놓은 고유한 요구 주장들, 그러니까 헤겔적 요구 주장들을 충족시킬 수 있다는 점에 주목합니다. 그렇기 때문에 우리는 아마도 이 세 번째 노선을 사회주의적 혹은 사회민주주의적 성격의 것이라고 칭할 수 있을 겁니다. 저는 제 자신이 바로 이 진영에 속한다고 봅니다. 헤겔주의의 이 세 가지 노선들을 각기 대변하고 주창했던 선구자들은 과거에도 늘 있어 왔습니다. 우파 헤겔주의자들, 루카치의 좌파 헤겔주의적 노선, 그리고 사회민주주의적 방식으로 노동에 정향했던 영국의 신헤겔주의자들만 떠올려 보더라도 금방 알 수 있습니다. 이 세 가지 전선을 분명히 구별하는 것이, 오늘날 정치철학 진영 안에서 진행되고 있는 지나치게 복잡한 헤겔 해석의 흐름을 일별하기 위한 좋은 준거점이 아닌가 싶습니다. 물론 여기에, 또 하나의 다른 차원에서의 전선, 이른바 대륙적 독해 방식과 분석적 독해 방식 간의 전선이 추가될 수 있겠습니다. 하지만 제가 상황을 제대로 보고 있는 거라면, 대륙 철학적 이해냐 분석 철학적 독해냐의 구별보다는 위에서 언급했던 정치철학적 견지에서의 전선이 훨씬 더 중요합니다. 가령 로버트 피핀Robert Pippin이 제공하는 식의 사회민주주의적 헤겔 해석과 저 자신의 사회주의적 헤겔 해석만 보더라도, 저희들은 분석적이냐 대륙적이냐의 범주로 구별되기에는 사실 서로 너무 가깝고 근친적이죠.

이ㅣ 분석적이면서도 대륙적인 기질을 고루 갖추고 있다는 평을 받는 찰스 테일러Charles Taylor의 헤겔주의에 관해서는 어떻습니까? 사회민주주의적 정치의 구현을 이론적/실천적으로 옹호하고 대변해 온 오늘날의 대표적인 헤겔주의자라는 점에서, 그의 헤겔주의적 궤적 또한 선생님의 것과 상당히 가깝다고 보는 이들이 많을 텐데요······.

호네트 | 테일러가 헤겔에 대한 대작*을 쓰고 비판적 자본주의 진단과 헤겔을 한데 묶는 작업을 했던 때, 그러니까 예전 테일러의 이론적 국면에서는 그와 제가 정말로 매우 가까이 서 있었다고 생각합니다. 하지만 최근 작업들에서 그는 사실상 이 길을 벗어나 다른 길로 들어섰어요. 근대를 낳은 전근대의 종교적 뿌리에 대한 관심이 점차 강렬해지면서 그렇게 된 것이죠. 따라서 지금으로서는 오히려 제가 테일러와 반대되는 지점에 서 있다고 말하는 편이 더 옳겠습니다. 왜냐하면 저는 근대는 오직 자기 자신으로부터 규범적 토대를 창출해 낼 뿐, 전근대의 종교적 근본 토대에 의지하지 않는다고 보기 때문입니다. 바로 이 확신이 매우 큰 차이를 만들어 내죠. 결국 이것은 테일러와 제가 근대의 정당성Legitimität der Moderne에 대해 전혀 달리 생각하고 있다는 점과 연관됩니다. 요컨대 저는 근대의 정당성은 오직 근대 그 자체 안에서 창출된 규범적 원칙으로부터만 확보될 수 있다고 생각합니다. 그에 반해 테일러는 근대의 정당성이란 근대 이전에서 유래한 가치들을 응대하

* Charles Taylor, *Hegel*, Cambridge: Cambridge University Press, 1977[『헤겔』, 정대성 옮김, 그린비, 2014].

고 수용할 수 있는 개방성에 달려 있는 것이기도 하다고 생각하는 듯합니다. 바로 이 지점에서 저는 본질적인 차이를 봅니다.

이│ 오늘의 대담을 마무리하면서, 긴 시간 동안의 대담에 응해 주신 점 다시 한번 감사 드리고 싶습니다. 이 대담을 통해, 한국의 독자들이 『비규정성의 고통』에 담겨 있는 선생님의 아이디어들은 물론이고, 이 책을 포함한 선생님의 이론적 발전의 궤적을 보다 생동감 있게 이해할 수 있으리라고 믿습니다. 아울러 오늘날의 정치, 사회적 현실에 대한 철학적 사유가 어떤 모습을 띠어야 할지에 관해 깊게 성찰해 볼 수 있는 소중한 시간이었습니다. 감사합니다.

옮긴이 후기

이 책의 저자 악셀 호네트는 우리에게 프랑크푸르트 학파의 제3세대 주자로 잘 알려져 있다. 아도르노와 호르크하이머를 위시한 프랑크푸르트 학파 1세대 이론가들은 물론이고 그들의 뒤를 이어 사회비판이론을 체계화했던 2세대 이론가였던 하버마스 또한 그러했듯이, 악셀 호네트 역시도 근대 사회의 본래적 특징을 밝히고 그 규범적 한계를 진단하기 위해 수많은 고전적 사유들을 폭넓게 고찰하고 종합하려는 노력을 지속해 왔다. 그럼에도 불구하고 호네트의 사회비판이론은 무엇보다도 헤겔의 철학적 통찰을 적극적으로 전유하려는 시도의 산물이라는 점에서, 그 이전 프랑크푸르트 학파의 선배 이론가들의 것과는 결정적으로 구별된다. 이처럼 헤겔과 함께 사유의 궤적을 넓혀 온 호네트의 학적 이력을 염두에 둘 때, 우리가 여기 번역해 소개하는 『비규정성의 고통』은 그 작은 규모에도 불구하고 무척 중요한 의미를 갖는다.

호네트는 주지하듯 청년 헤겔의 예나 시기 실천철학적 문헌들에 대한 면밀한 독해를 바탕으로 쓰여진 『인정투쟁』과 함께 차세대 사회

비판이론의 선두주자가 되었다. 『인정투쟁』을 쓸 당시 호네트는 '헤겔의 상호주관성 이론적 통찰은 청년기의 실천철학적 문헌들에서만 발견될 뿐 그의 철학체계가 발전해 나감에 차츰 자취를 감추게 된다'는 입장을 견지하고 있었다. 그러나 호네트는 당초에 견지하고 있던 자신의 이 강한 입장을 차츰 취하하면서 헤겔의 성숙기 사유 또한 인정 개념을 중심으로 전유하는 쪽으로 시야를 넓히게 된다. 이처럼 청년 헤겔의 사유에로만 강하게 초점을 맞추었던 종전의 입장을 거두고 헤겔의 후기 저작 또한 상호주관성 이론의 견지에서 바라보려는 호네트의 확장적 시도가 맨 처음 본격적으로 수행되는 저작이 바로 이 책, 『비규정성의 고통』이다. 그리고 호네트는 헤겔의 법철학적 사유를 개인주의 비판 및 인륜성 회복이라는 두 견지에서 복원해 낸 이 책의 성과들을 최근 출간된 그의 방대한 저작 『자유의 권리』에서 보다 심층적으로 체계화하게 된다. 이런 견지에서 볼 때, 『비규정성의 고통』은 헤겔과 함께 자신의 사회철학적 사유를 발전시켜 온 호네트의 명실상부한 두 대표작인 『인정투쟁』과 『자유의 권리』를 이어주는 중간저작에 해당한다. 하지만 성숙기 헤겔의 사회철학을 집요하고도 면밀하게 독해하는 『비규정성의 고통』이 없었더라면, 『인정투쟁』에서 유지되던 제한적인 헤겔주의자로서의 호네트의 입지는 교정될 수 없었을 뿐 아니라 『자유의 권리』에서 개진되는 주요 주장들의 단초도 확보되지 못했을 것이다.

따라서 『비규정성의 고통』이 호네트의 사회비판이론적 사유의 궤적 안에서 차지하는 의미를 분명히 하기 위해서는, 이 저작이 『인정투쟁』을 뒤잇는 단순한 후속작이 아니라는 사실에 주목할 필요가 있다.

『비규정성의 고통』과 『인정투쟁』은 헤겔의 철학적 사유에 기반해 현대 사회의 부정성 한계를 진단하고 그 해법을 모색한다는 점에서 유사성을 보이지만, 이 두 저작에서 호네트가 주목하는 사회적 '부정성'의 종류는 질적으로 상이하다. 우선 『인정투쟁』에서 호네트가 비판의 주된 대상으로 삼았던 '부정성'은 어떤 개인(들)에게 부당하게 가해지는 세 차원의 무시Missachtung였다. 신체적 폭행과 학대, 법적 권리의 박탈과 억압, 공동체적 연대 범주로부터 배제됨. 자신이 속한 사회의 공동성원인 타인(들)로부터 이 세 차원의 무시를 경험한 개인은 ——신체적, 사회적, 공동체적 존재로서의—— 원만한 자기정체성을 형성하는 데 막대한 장애를 겪게 되며, 따라서 자기 자신을 향한 내면적 자기관계에서도 자존감과 자신감 부족에 시달린다. 이처럼 『인정투쟁』에서 호네트가 초점을 맞추는 사회적 부정성은 한 사회의 어떤 개인(들)이 타인들로부터 부당하게 무시됨으로써 자신의 개인적 삶을 안정적으로 영위할 수 있는 내적/외적 토대를 구축할 기회 자체를 빼앗기는 부정의의 문제였다. 『인정투쟁』이 사회의 일부 성원들이 타인들의 무시와 배제 때문에 개인적 삶의 기회를 '박탈'당하는 부정의 상태에 주목했다면, 『비규정성의 고통』에서 호네트는 개인적 자유 이념이 '과잉'된 사회 안에서 대부분의 성원들이 겪는 독특한 고통에 초점을 맞춘다. 개인적 자기실현의 이상만을 좇는 사회 안에서 대부분의 사람들은 편협한 주관성의 한계 안으로 함몰되며 정체된 삶 속에서 공허함과 우울감에 시달리게 된다. 오늘날 고도로 발달한 대부분의 후기자본주의 사회에서 개인들이 겪는 이런 독특한 병리적 현상들의 원인과 해법을 모색한다는 데에,

이 책 『비규정성의 고통』의 핵심적인 의의가 있다.

호네트가 이런 병리학적 현상에 주목하는 시대진단의 작업을 다름 아닌 헤겔의 『법철학』에 기반해 수행하는 까닭은, 이 책이 당대의 개인 주의적 흐름을 비판하려는 의도에서 쓰여진 것이자 그로부터의 해방 을 가능케 하는 근본적인 해법을 품고 있다는 확신 때문이다. 이런 견 지에서 호네트가 가장 우선적으로 주목하는 대목은, 헤겔이 이 책 「서 론」의 도입부(§5~§7)에서 자유의지가 무엇인지를 보이기 위해서 독특 한 설명적 전략을 취한다는 점이다. 즉 헤겔은 우선 자유의지를 구성하 는 두 가지 — 필수적이지만 그 자체로만은 충분하지 않은 — 추상 적인 계기들을 제시한 다음, 이 두 계기가 그것들의 불충분성에도 불구 하고 절대화될 경우 초래될 필연적인 위험을 지적하면서, 그 두 계기를 포괄하면서도 각각의 추상성을 지양하는 제3의 항을 자유의지의 참된 요건으로 도출해 낸다. 여기서 출발해 헤겔의 『법철학』을 비판적 시대 진단과 오늘날에도 유효한 정의론적 통찰이 전개되는 유의미한 저작 으로 복원해 내기 위해 호네트는 다음과 같이 논의해 나간다.

우선 호네트는 『법철학』의 「서론」에 등장하는 자유의지론 을 — 앞서 언급한 헤겔의 독특한 변증법적 서술 전략에 유념하면 서—다음과 같이 분석적으로 재구성한다. A) 첫째, 자유롭게 의지할 수 있기 위해서는 우선 여하간의 주어진 현실적 제약들에서 벗어나, 무 한한 가능성을 소지한 주체로서의 나를 사유할 줄 아는 역량이 전제되 어야만 한다. 그러나(!) 이 무한한 가능성, 즉 무-제약됨의 요건만으로 는 아직 부족하다. 오직 무-제약됨만이 자유의 전부라고 오인하면서 어떤 현실적인 제약도 겪지 않기를 원한다면, 자유로운 '의지함'의 실천 자체가 실종되어 버릴 것이다. B) 둘째, 그렇다면 의지한다는 것은 어떤 특정한 '무엇인가'를 원한다는 말이어야 하며, 이처럼 어떤 특정한 내용과 목적을 가진 무엇인가를 원한다는 것은 나의 무차별적인 자유를 제한할 때에만 가능하다. 그러므로 의지는 본래—— 한갓된 추상적 무-제약성의 관념이 아니라——어떤 특정한 제약됨, 제한됨의 계기를 필요로 하는 실천적 능력이다. 그런데 단지 '의지함'이 아니라 '자유로운' 의지함이 문제라면, 이 특정한 제약됨과 제한됨의 내용이 외부로부터가 아니라 자유로운 주체로서의 나 자신에게서 유래한 것이어야 한다. 즉 무엇을 행할 것인지 어떤 삶을 살 것인지를 스스로의 판단에 따라 결정함으로써 나의 한갓된 무차별성의 자유를 구체적으로 제한하는 자는 다름아닌 '나'여야 한다. 그러나(!) 스스로가 선택한 특정한 행위 내용과 삶의 이상으로 자신을 제한함이라는 이 두 번째 계기만으로도 아직 부족하다. 나 자신의 반성과 판단에 따라서 결정된 모든 자기제한이 다 참으로 자유로운 주체로서의 나를 실현하도록 해 주는 것은 당연히 아니기 때문이다. C) 셋째, 따라서 자유로운 의지는——내가 나에게 부여한 여하간의 자기제한이 아니라——'무한한 가능성의 주체로서의 나'를 실현할 수 있도록 해 줄 '제한됨'을 원하는 의지여야 한다. 주체로서의 내가 지닌 무-제한적인 가능성을 도야하고 펼칠 수 있도록 해 주는 '제한됨', 그러므로 제한됨임에 틀림없으나 결코 제한됨으로 경험되거나 감지되지는 않는 제한됨. 이런 기묘한 제한됨은 '타자 안에서 자기자신'이고자 하는 주체들이 자신을 기꺼이 제약하는 상태로서, 가령 우정이나 사랑의 경우에 잘 구현된다. 이런 관계를 맺는 주체들은 자기 앞의 상대방 타자를 위해서 나의 한갓된 무차별적 자유를 기꺼이 제한하면서도 이를 제한됨으로 느끼지도 않을뿐더러, 이 제한됨 덕분으로 자기의 편협한 개인성의 한계를 넘어서는 자기확장과 성장을 이루기 때문이다.

이어서 호네트는, 헤겔이 특유의 변증법적 설명 전략에 따라 쓴 이 자유의지론에 등장하는 세 계기가 이후 『법철학』의 본론에서 상술될 "추상적 권리/법", "도덕성", "인륜성"이라는 세 가지 근대 사회의 규범적인 제도체계들의 핵심을 이룬다는 사실을 분명히 한다. A') 헤겔이 「추상법」 장에서 상세히 기술하게 될 근대 사회의 규범체계는, 모든 개인은 타고난 출생배경이나 현재 처해 있는 삶의 상태와 무관하게 동등한 인격자로서 자신의 삶을 유지하고 보존할 수 있는 개인적 권리를 지니며, 이 권리는 타인에 의해서 함부로 침해되거나 훼손될 수 없으며, 이 권리를 주장하고 실현하려는 개인들의 의지적 실천은 타인의 개인적 권리를 침해하지 않는 한 무-제약적으로 허용된다는 이념에 기초해 있다. 그런 한에서 "추상적 권리/법"은 앞서 헤겔이 「서론」에서 자유의지의 첫 번째 계기로 제시했던 '추상적인 무-제약성'을 표방하는 규범체계라고 할 수 있다. B') 반면에 『법철학』의 「도덕성」 장에서 상술되는 근대의 규범적 장치들은 앞서 제시된 자유의지의 두 번째 계기에 대칭된다. 이 장에 등장하는 "고의"Vorsatz, "의도"Absicht, "양심"Gewissen 등의 개념은, '스스로의 앎과 판단에 따라 자신의 행위내용 및 삶의 이상을 결정할 수 있는' 개인의 권한을 인정하는 근대 특유의 행위평가적

메커니즘의 핵심을 이루기 때문이다. 더욱이 헤겔은 「도덕성」 장의 말미에서 칸트로부터 낭만주의자들에 이르기까지 주체의 내면적인 자율성과 주관성을 강조했던 당대의 사상사적 조류에 관해 긴 지면을 할애하고 있다. 이 점을 감안할 때, 헤겔의 「도덕성」 장은 「서론」에서 제시된 자유의지의 두 번째 개인주의적 계기에 대칭되는 근대적 규범체계들에 관한 기술로 보아야 한다는 것이 호네트의 생각이다. C') 마지막으로 헤겔이 「서론」에서 자유의지의 세 번째 계기이자 참된 자기실현의 필요충분조건으로 꼽았던 "타자 안에서 자기 자신임"을 객관적으로 제도화하는 근대의 규범체계들을 상술하는 것이 「인륜성」 장이다. 여기서 헤겔이 상술하는 근대적 가족, 시장, 국가의 영역은 타인의 자유가 전제될 때에만 나 자신의 자유 또한 가능하다는 사실을 정서적, 언어적으로 체득함으로써 해당 관계에 알맞은 규범적 태도 방식에 따라 타인을 대하는 소통적 관계들이 형성되고 실현되는 영역들이다.

이상과 같은 대칭적 재구성으로부터 호네트는 비판적 시대진단과 맞물려 있는 정의론적 테제의 성격을 띠는 다음의 귀결들을 도출해 낸다. 추상적 권리/법, 도덕성, 인륜성은 『법철학』의 「서론」에서 제시된 자유의지의 세 계기를 각각 구현한다는 점에서, 오늘날 자유의 이념을 표방하는 정의로운 사회라면 반드시 갖추어야 할 세 가지의 필수적인 규범체계들에 해당한다. 그러나 문제는 추상법, 도덕성, 인륜성이 개인의 자기실현을 위해서는 반드시 필요한 세 가지의 요건임에는 틀림없다 할지라도, 참된 의미의 자기실현의 견지에서 볼 때 이 세 영역의 필수불가결성의 강도는 달리 평가되어야 한다는 데 있다. 앞서 (호네트가 재구성적으로 보여 준) 헤겔의 자유의지론에서도 이미 시사되었던 대로, 추상적 권리/법과 도덕성이라는 규범적 체계는 자유로운 자기실현을 위해 없어서는 안 될 필수조건일 뿐 충분조건은 아니기 때문이다. 달리 말해 이 두 규범적 체계는 근대가 이룩한 엄연한 규범적 성취임에 틀림없으나, 그것들이 표방하는 이념만이 자유의 전부인 것처럼 잘못 절대화될 경우 필연적으로 병리현상들을 일으키는 원인이 된다. 이때 추상법과 도덕성이 '일면적으로 절대화될 경우'란, 타인들과 소통적으로 교감하는 인륜성 영역 안에서의 인정 관계를 전면적으로 중단시키거나 망각시킬 정도로까지, 개인적 권리주장과 주관적 도덕판단의 지평이 비대하게 확장될 경우를 가리킨다. 즉 나의 물질적 소유의 대상과 양식을 스스로 정할 개인적 권리, 혹은 나의 도덕적 신념에 따라 삶의 목적과 방향을 규정할 주관적 권한만이 자기실현의 유일하고도 절대적인 조건인 것처럼 맹신될 때, 개인들은 자기실현이라는 명목 하에 편협하게 구획된 주관성의 한계 안에 함몰되며 고립된 삶 속에서 공허함과 우울함의 고통을 겪게 된다.

그러므로 망각된 채로 활력을 잃은 인륜적 관계들이 다시 회복될 때, 그리고 보다 활력 있게 실현될 때, 이런 고통으로부터의 해방이 가능해진다. 이는 한 고립된 개인으로 편협하게 굳어진 근대적 주체들의 삶을 위협하는 각종 병리적인 고통들은 결코 초월적인 원칙을 세우고 따르는 방식으로는 치유되지 않는다는 것을 의미한다. 또한 개인적 자기실현에 긴급한 모든 삶의 문제를 오직 법적인 권리주장이나 도덕적인 신념의 구축을 통해서만 해소하려는 경향으로부터 참된 자기실현을 가능케 해 주는 소통적 관계의 지평으로 '이행'한다는 것은, 한 번도 존재하지 않았던 전대미문의 인륜성을 새롭게 구축한다는 것을 의미하지도 않는다. 호네트가 이 책에서 여러 차례 강조하듯이, 헤겔의 객관정신을 특징짓는 근본적인 아이디어는 우리는 이미 인륜성의 지평 안에서 태어나 자라며 살아가고 있다는 것이다. 이는 궁극적으로 개인주의의 범람으로부터 유래하는 고통을 치유할 수 있도록 해 주는 잠재적 자원이 우리 안에 이미 존재함을 의미한다. 그러나 이런 잠재적 자원은, 근대의 저 두 가지 개인주의적 자유의 궁핍함 때문에 고통을 겪을 때 비로소 재차 길어 올려지고 다시 한 번 활성화될 수 있을 것이다. 이런 견지에서 인륜적 관계의 활력과 생명력 그리고 그에 기반해 가능해질 적극적인 자유실현의 추구는, 역설적이게도 그것의 장애인 듯 보이는 개인성의 범람과 그로부터 초래된 고통에서 시작된다. 고통이 해방으로의 물길을 연다. 호네트는 헤겔의 병리적 시대진단이 담고 있는 이런 규범적 통찰을 드러냄으로써, 인간의 자유를 억압하는 전체주의적 텍스트라는 오명에 시달리던 『법철학』을 현대적 관점에서 시의 적절하게 복원해내는 데 성공한다. 우리는 이 책에서 근대는 자기 자신의 규범으로부터 살아간다는 것, 즉 근대는 자기 안에 내재한 한계를 스스로의 자원으로 치유하면서 자신의 동력으로 전진해 나가는 시대라는 것을 통찰한 가장 중요한 사상가 중의 한 명으로 헤겔을 자리매김하는 강력하고도 매력적인 해석적 대안을 얻게 된다. 그 해석적 대안에 우리는 병리학적 정의론이라는 이름을 줄 수 있을 것이다.

* * *

이 책의 번역에 착수한 것은 프랑크푸르트 대학에서 악셀 호네트 교수의 지도로 헤겔의 인륜성 개념에 관한 박사논문을 한창 집필 중이던 때였다. 이 책을 속히 번역해 모국의 독자들에게 소개해야 한다는 조바심으로 서둘러 출판계약을 마친 다음 곧장 번역에 돌입했지만, 저자 특유의 길고 복잡한 문장들을 일그러뜨리지 않으면서도 한국어로 매끄럽게 옮기는 것이 생각보다 훨씬 더 어려운 일이라는 사실을 깨닫게 되기까지는 그리 긴 시간이 걸리지 않았다. 거기에 헤겔의 『법철학』을 따라가면서 내재적으로 재구성하는 사유가 진행되고 있는 책이었기 때문에, 번역의 어려움은 한층 가중되었다. 초벌 번역을 마치기까지 꽤 긴 시간 사투를 벌였지만, 한국어 문장으로 옮겨진 저자의 생각이 독자들에게 적절히 닿지 않으면 어쩌지 하는 염려가 쉬 가시지 않았다. 그러다 문득 한국의 독자들에게 이 책의 기본 아이디어를 포함해 헤겔의 철학에 오랫동안 몸담아 온 호네트 교수의 사유 전반에 관한 이야기를 좀더 생생하게 전달할 수 있는 인터뷰를 이 책의 부록 격으로 함께 실으면 좋겠다는 생각이 들었다. 텍스트 본문의 초벌 번역이 완료될 즈음이었던 2012년에 악셀 호네트 교수에게 이 바람을 전달했고, 그가 적극 찬성하면서 한국 독자들을 위한 인터뷰가 이루어졌다. 이 자리를 빌려 바쁜 일과에도 불구하고 여러 날 시간을 내어 긴 분량의 대담에 최대한의 호의와 진중함으로 응해 주셨을 뿐 아니라, 녹취를 풀어 문서화한 인터뷰 내용들을 재차 감수하는 수고 또한 마다하시지 않은 호네트 교수님께 깊은 감사의 인사를 드린다. 초벌 번역된 본문과 인터뷰 원고를 한국의 출판사로 송부하던 2012년까지만 하더라도, 이 책을 세상에 내놓기까지 5년이라는 긴 시간이 더 필요하리라고는 미처 예상하지 못했다. 오랜 시간 인내를 가지고 기다려 주신 그린비 출판사의 박순기 편집장님께 감사드린다. 아울러 초벌 번역된 원고를 읽고 여러 조언을 해 준 정진범 선생에게도 감사의 인사를 드린다. 마지막으로 그 범주를 특정하는 것이 불가능할 만큼 이 번역에 임했던 모든 순간을 함께 해 준 정대훈 선생에게 깊은 감사를 드린다. 그가 없었더라면 이 책 안에 담긴 수많은 문장들은 지금보다 훨씬 더 거칠고 성긴 모습으로 세상에 나가야만 했을 것이다.

2017년 9월

이행남

찾아보기